Social Firm
ソーシャルファーム

ちょっと変わった福祉の現場から

NPO法人コミュニティシンクタンク
あうるず 編

創森社

まえがき

昨今、頻繁に「ソーシャル」という言葉を耳にするようになりました。ソーシャルビジネスやソーシャルネットワーキングサービス（SNS）。前者の「ソーシャル」は「社会貢献」という意味で、後者は「社交・交際」という意味として使われています。

ソーシャルファーム（Social Firm 社会的企業）は、全国的に盛り上がっている「ソーシャルビジネス」「ソーシャルネットワーキング」とは一線を画す、福祉の現場と地域に直接的につながる事業のことを指します。本書は「ソーシャルファーム」をテーマにしています。

では、ソーシャルファームとは何か。現在、わが国には、ソーシャルファームという公的な定義や制度はありません。ソーシャルファームの発祥地である欧州では、以下のように定義づけをしています（ソーシャル・ファーム・ヨーロッパによる定義、1997年より）。

- 障がい者ないし労働市場において、不利な立場にある人々の雇用を創出するためのビジネスである。
- 市場志向型の製品、サービスの生産を通じて、社会的使命を果たすビジネスである（収入全体の50％以上を商取引により得ていなければならない）。
- 従業員の多く（30％以上）が、身体障がいなど労働市場で不利な条件を抱えている人々により構成される。
- すべての従業員に対し、各人の生産性の如何を問わず、仕事に応じて市場相場と同等の適切な賃金ないし給与が支払われる。
- 障がいのある従業員と障がいのない従業員との機会均等が保証され、すべての従業員が同等の権利および義務を有する。

つまり、ソーシャルファームは、通常の労働市場では仕事が見つかりにくい人が、市場原理に基づく、通常のビジネス的な手法を基本に、働く場をつくっていくビジネスのことを指します。私が理事長を務めているソーシャルファームジャパンという任意団体では、このソーシャルファームを日本全国の各市町村1か所ずつ2000社程度つくることを目標として活動しています。

障がい者の働く現状を例に、ソーシャルファームの必要性について少し考えてみたいと思います。現在、日本では、障がい者の働く場として、福祉制度に基づく「福祉的就労」と一般企業へ就職する「一般就労」の2種類があります。しかし、その間には大きなハードルがあり、一般就労を希望する障がい者は多いものの、社会福祉施設から一般企業への就職は難しいのが現状です。

福祉的就労は、賃金が低く、障がい者の経済的自立に至らないケースが多く、訓練的な側面が強い。障がい者にとっても、社会福祉施設での就労は、受身的な利用者であり、主体的な労働者としての「生きがい」をなかなか感じることができない場合が多いのです。

一方で、一般就労は最終目標ではありますが、中軽度の障がい程度でないと就労が困難だったり、法定雇用率未達成企業が約半数を占める状況等から、障がい者の一般就労は依然として難しい状況にあります。

一般就労に至らない、しかし「働きたい思い（意欲）」を持つ障がい者が、健常者とともに働き、地域で自立して生活する場として、欧州で発展しているソーシャルファームが、わが国においても必要であることは明らかであります。

さらに、ソーシャルファームは障がい者だけを対象にしているのではありません。高齢者や母子家庭のお母さん、ホームレスの人たち、ニートや引きこもりといった若者など、なかなか仕事を見つけにくいのが現状です。そういった通常の労働市場で仕事が見つかりにくい人とともに働く場をつくることが、ソーシャルファームの目的の一つです。

しかし、ソーシャルファームを発展させるためには、新しく制度化すべきなのか、既存の制度から発展させる方が好ましいのか、支援制度はどのようにあるべきなのかなど、わが国のソーシャルファームの在り方について検討することが必要であります。本書では、日本全国で活動しているソーシャルファームの現状を踏まえながら、ソーシャルファームがどういう活動なのか、どのように今後発展させるべきなのかを皆さんで考えていきたいと思います。

第1章では、万人が差別なく働ける環境、それこそが本書の大きなテーマとなる「ソーシャルファーム」について、わが国の雇用に関する問題を改めて整理しながら、必要性と展望について考えていきます。

第2章では、障がいのある方だけでなく、一般就労が難しい、制度の狭間《はざま》にある人たちの支援活動を行ってきた豊芯会《ほうしんかい》（東京都豊島区）の歩みや英国のソーシャルファームから考えていきます。

第3章では、「国産、無農薬、無添加」や「顔の見える生産者や二次加工者」、「お母さんに代わる子どもたちへの食の教育」をコンセプトにクッキーづくりを行っている社会福祉法人共生シンフォニー（滋賀県大津市）の事例から、「信頼」でつながるビジネスづくりのヒントを学びます。

第4章では、社会福祉法人一麦会《いちばくかい》（和歌山県）の取り組みから、地域資源を活かした6次産業化と地域包括システムづくりにおけるソーシャルファームの事業展開の方法を学びます。

第5章では、2009年から農業を主体としたソーシャルファームの活動を行っている、認定NPO法人ぬくもり福祉会たんぽぽ（埼玉県飯能市）の取り組みから、地域で事業を立ち上げるときの注意点や地域との連携の重要性について考えていきます。

第6章では、社会適応の難しかった人たちやさまざまな施設で受け入れが困難な人たちと一緒に生活し、農業や酪農で働く場をつくっている共働学舎新得《しんとく》農場の取り組みから、農業とソーシャルファームの可能性について考えていきます。

第7章では、刑務所出所者等の再チャレンジの場として「農業」に注目した更生保護について考えていきます。

第8章では、仏ジャルダン・ド・コカーニュの事例をもとに、ソーシャルファームを国が支え、民間企業や一般市民とも連携してトライアングル型の「社会連帯経済」という新しい経済活動・社会の仕組みについて考えていきます。

最後に、第9章では、市町村単独では解決できず、かつ複数の分野が相互に密接に関わっている地域課題に対して、地域の知恵を集積し、解決に向けた活動を行っている、NPO法人コミュニティシンクタンクあうるずの事例をもとに、地域で興《おこ》すソーシャルビジネスの課題と役割について紹介します。

ソーシャルファームは、世界的に広がりをみせており、ドイツ、ギリシャ、フィンランドなどでは法律が制定されております。遅ればせながら日本では、2008年にソーシャルファームジャパンが設立し、2016年にはソーシャルファーム法制定に向けて、ソーシャルファーム推進議員連盟が発足しました。

また、２０１４年からは日本各地で年に一度、ソーシャルファームジャパンサミットを開催しています。このサミットは、ソーシャルファームでつくられた商品の高付加価値化、一般市場参入、企業からの支援、商品の販路開拓等の視点からの情報交換や、新しいビジネスを生みだす地域内外・他分野のネットワークづくりを目的に開催いたします。

本書が、日本全国で広がりをみせているソーシャルファームの活動の発展に資することを祈念しております。

２０１６年 新涼に

社会福祉法人恩賜財団済生会理事長・ソーシャルファームジャパン理事長　　炭谷 茂

◆本書では法令、団体名などの固有名詞、および執筆者の指定を除き、障害者の害の文字をひらがなにしています。

第１章

わが国の雇用問題とソーシャルファームの広がり

社会福祉法人恩賜財団済生会理事長　炭谷 茂

わが国の経済状況は、世界から見ても豊かなように見える。かつての食うや食わずの時代から、いまや飽食の時代ともいわれ、一見すると国民の衣食住はこれまでになく満たされているかのようである。しかしながら、まだまだ足りないものがこの社会にはあるのではないだろうか。その一つが、万人が差別なく働ける環境だ。

万人が差別なく働ける環境、それこそが本書の大きなテーマとなる「ソーシャルファーム」なのである。本章では、わが国の雇用に関する問題を改めて整理しながら、ソーシャルファームの必要性や考え方、取り組み方について提示していきたい。

Social Firm

厳しさが続く国内の雇用情勢

働きたくても働けない人たち

さまざまな社会的事情を抱え、働く意欲があるにもかかわらず、働くことのできない人々がいる。身体障がい者、知的障がい者は、そのハンディキャップから労働の場に恵まれていない。刑期を終え出所した人たちを雇用する場も圧倒的に少ない。

また、一度現役を引退した高齢者のなかにも、働かなければ生活ができない人や、自らの労働力を提供したいと思い、雇用先を探している人がいる。DV（ドメスティック・バイオレンス、domestic violence 家庭内暴力）の被害者であったり、引きこもりとなってしまった若者たちも、働きたくても働けない問題を抱えている。

いまあげた人々が、たとえ働けたとしても、労働に相応した賃金が得られない場合もある。近年で

図 1-1　年齢階級別完全失業率

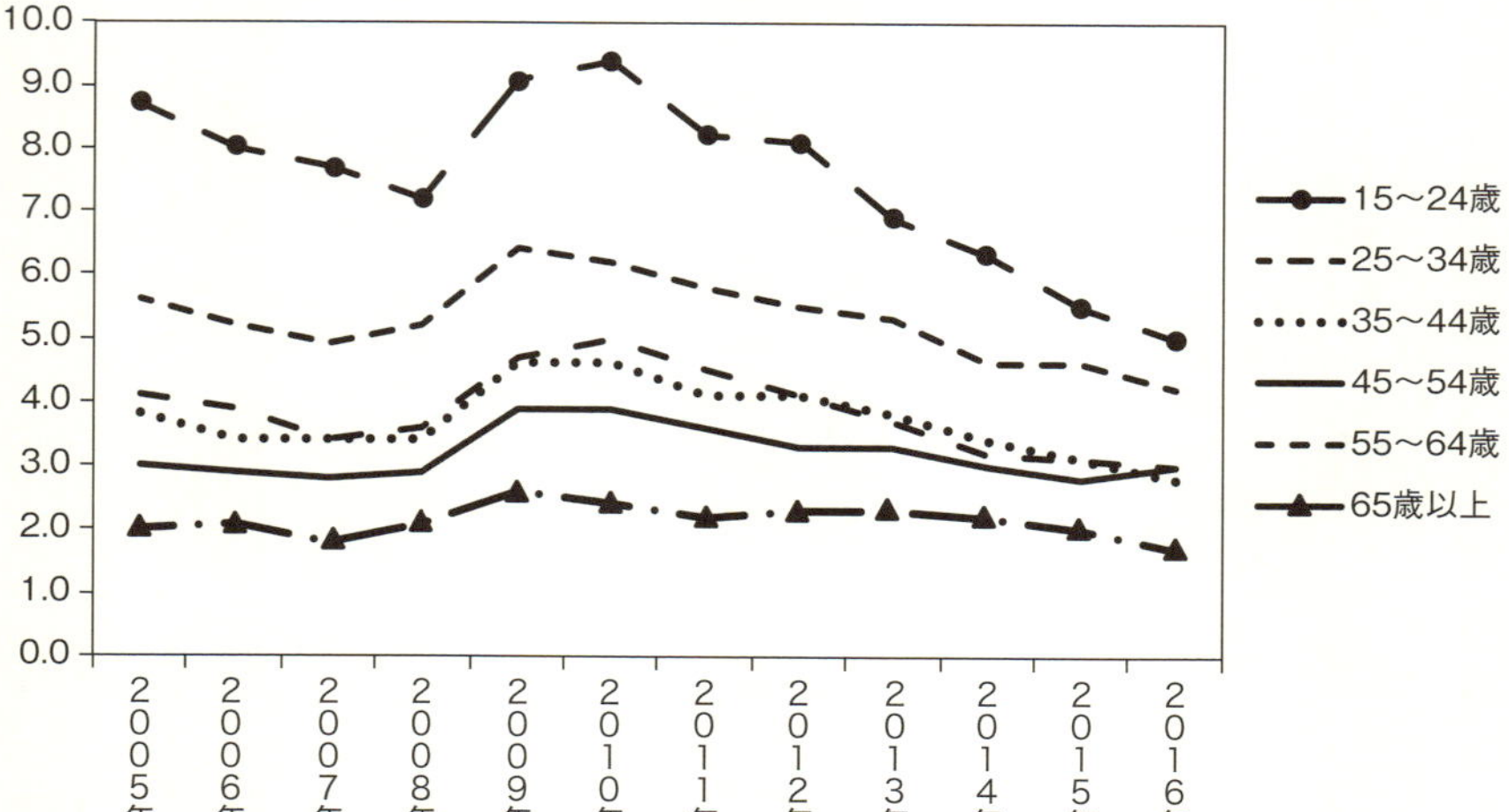

注1　総務省「労働力調査」による。
2　2011年は補完推計値または補完推計値を用いて計算した参考値である。

図 1-2　有効求人倍率の推移

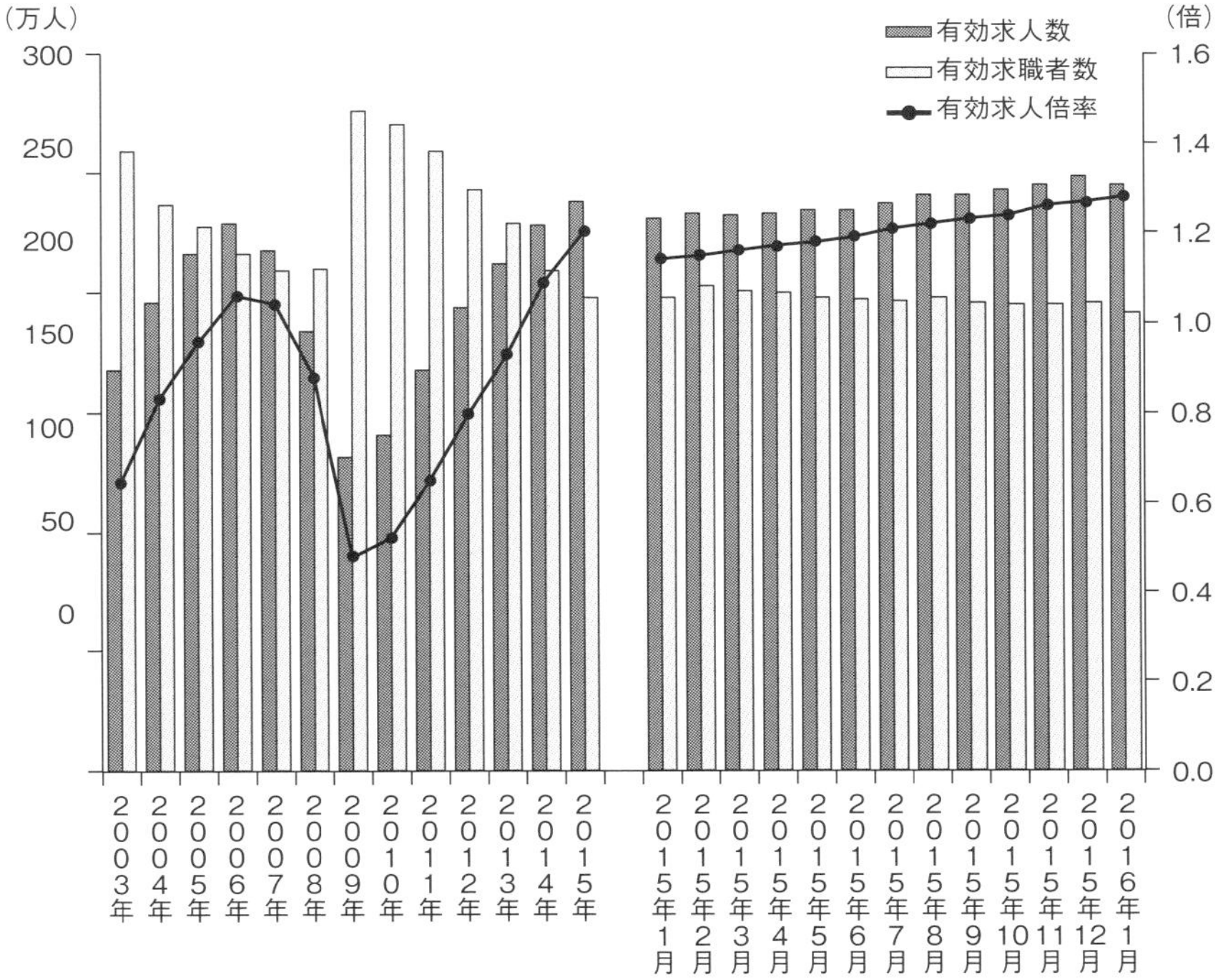

注１　厚生労働省「一般職業紹介状況（職業安定業務統計）」による。
　２　月別の数値は季節調整値である。なお、平成 27 年 12 月以前の数値は、平成 28 年 1 月分公表時に新季節指数により改訂されている。
　３　正社員有効求人倍率は正社員の月間有効求人数をパートタイムを除く常用の月間有効求職者数で除して算出しているが、パートタイムを除く常用の有効求職者には派遣労働者や契約社員を希望する者も含まれるため、厳密な意味での正社員有効求人倍率より低い値となる。

は、正社員並み、あるいは正社員としてフルタイムで働いてもギリギリの生活さえ維持が困難、もしくは生活保護の水準にも満たない収入しか得られず、貧困状態から抜け出せない、いわゆる「ワーキング・プア」の問題もある。

こういった社会的な立場が弱い人々をサポートしなければ、日本経済の閉塞《へいそく》感は拭えないだろう。

若者の20人に1人が失業している

現在の日本の雇用情勢は、大変厳しい状態にある。それに伴い、日本の経済や社会の構造自体も変化

表 1-1　主要国の失業率　　各国公表値　単位（%）

	日 本	韓 国	アメリカ	カナダ	イギリス	ドイツ	イタリア	フランス
2011年	4.6	3.4	8.9	7.5	8.1	5.8	8.4	9.2
2012年	4.3	3.2	8.1	7.3	8.0	5.4	10.7	9.8
2013年	4.0	3.1	7.4	7.1	7.6	5.2	12.1	9.9
2014年	3.6	3.5	6.2	6.9	6.2	5.0	12.7	9.9
2015年	3.4	3.6	5.3	6.9	5.4	4.6	…	…

注1　失業者の把握方法
・各国の数値は日本と同様に、毎月実施する労働力調査の結果による。
ただし、フランスは四半期ごとの公表である。
2　労働力人口の範囲
・日本、イギリス、ドイツ、イタリア及びフランスは全労働力人口であり、韓国、アメリカ及びカナダは軍人を除く労働力人口である。
3　2011 年の日本の数値は補完推計値を用いた参考値である。
4　フランスについては海外領土を除いた本土の失業率である。

資料：韓国は Statistics Korea (http://kostat.go.kr/portal/english/index.action)
アメリカは U.S. Bureau of Labor Statistics (http://www.bls.gov/cps/)
カナダは Statistics Canada (http://www.statcan.gc.ca/start-debut-eng.html)
イギリスは Office for National Statistics (http://www.ons.gov.uk/ons/index.html)
ドイツは Federal Statistical Office of Germany (http://www.destatis.de/EN/Homepage.html)
イタリアは Italian National Institute of Statistics (http://www.istat.it/en/)
フランスは National Institute of Statistics and Economic Studies (http://www.insee.fr/en/)

してきている。

総務省が発表した労働力調査（速報）によると、２０１６年１月時点における日本の完全失業者数は２１１万人である。前年同月に比べ20万人の減少であり、68か月連続で減少している。

また、完全失業率（２０１６年１月、季節調整値）は３・２％であり、他の国と比べると比較的低い数値ではあるが、24歳以下の若者に注目すると５・０％が失業しているという状況である。つまり、若者の20人に１人の割合で職がないということである（**図１－１、表１－１**）。

一方、厚生労働省が発表した２０１６年１月の有効求人倍率（季節調整値）は前月比０・０１ポイント上昇の１・２８倍である。都道府県別では、最も高いのが東京都の１・８８倍、最も低いのが沖縄県の０・９０倍であり、雇用情勢は地域間の格差が非常に大きい（**図１－２**）。

単に失業率や求人倍率だけを見ると、最近は横ばい、もしくは回復傾向であるが、潜在的な失業者を加えて考えると、その状況は厳しい。

中小企業の雇用は、売上や資金繰りと同様、非常に厳しい状態が続いており、２００８年10月以降、非正社員の雇用安定対策や中小企業等の雇用維持対策、地域の雇用機会の創出等の取り組みの強化等が講じられてきた。

雇用者のうち、非正規雇用者が３分の１を占める

そのなかでも、中小企業等の雇用維持対策の一つである雇用調整助成金制度は、景気の変動などの経済的理由による企業収益の悪化から、生産量が減少し、事業の縮小を余儀なくされた事業主が、雇用する労働者を一時的に休業、教育訓練等をさせた場合、当該事業主に対してその賃金等の一部を助成するものである。

この制度は、２０１３年４月１日から、特に中小企業を対象とした中小企業緊急雇用安定助成金が統合されたほか、これまで数度にわたり大幅な制度拡充が行われている。こうした取り組みもあり、２００８年12月以降、制度利用の申請が増え、２０１３年度は約17万６０００事業所が支給決定され、対象労働者数は約２４０万人にのぼった。ある意味では、失業もしくは失業の予備軍は、人口の３％にあたる約４８０万人いるのが日本の現状である。

２０１５年労働力調査によると、２０１５年平均の雇用者（役員を除く）５２８４万人のうち、正規の職員・従業員は、前年に比べ26万人増加し、３３０４万人である。一方で、パート・アルバイト、派遣社員、契約社員などの非正規で勤めている職員・従業員は１９８０万人と前年に比べ18万人の増加となった。

つまり、非正規雇用者が雇用者全体の３分の１を占めているという大変厳しい状況にある。

非正規雇用者の内訳を示すと、パート・アルバイト１３６５万人（68・９％）、契約・嘱託等２８７万人（14・５％）、派遣１２６万人（６・４％）で

表 1-2　仕事からの年間収入階級別正規、非正規の職員・従業員の割合

	男性		女性	
	正規の職員・従業員（2,261 万人）	非正規の職員・従業員（634 万人）	正規の職員・従業員（1,042 万人）	非正規の職員・従業員（1,345 万人）
100万円未満	1.1%	26.6%	5.2%	45.0%
100 ～ 199万円	5.2%	30.8%	17.1%	39.6%
200 ～ 299万円	14.7%	22.4%	28.2%	11.3%
300 ～ 399万円	20.5%	11.0%	22.0%	3.0%
400 ～ 499万円	17.6%	4.5%	12.7%	0.7%
500 ～ 699万円	22.0%	2.9%	10.6%	0.3%
700 ～ 999万円	14.1%	1.3%	3.6%	0.1%
1000 ～ 1499万円	4.1%	0.3%	0.5%	0.1%
1500万円以上	0.7%	0.2%	0.1%	－

注　総務省労働力調査（詳細集計）。平成 27 年（2015 年）平均（速報）による。

ある。１９８５年では非正規６５５万人（16・４%）であり、数では約３倍、率では２・３倍（30%を超えたのは03年）と急増している。

正規、非正規の職員・従業員別に仕事からの年間収入階級別割合を男女別に見ると、男性の場合、正規の職員・従業員は２０１５年平均で５００～６９９万円が22・０%と最も高く、次いで３００～３９９万円が20・５%となっている。一方、非正規の職員・従業員は１００～１９９万円が30・８%と最も高く、次いで１００万円未満が26・６%となっている（**表１－２**）。

非正規雇用の拡大とその低賃金・雇用不安のなかで、貧困・格差の拡大と固定化が指摘されるようになり、「ワーキング・プア」が一般用語となった。その象徴として日雇い（スポット）派遣や新たなホームレスの形態と称されるネットカフェ難民がたびたび報道されている。そうした非正規雇用者は、安定して継続的な仕事が保証されるわけでもなく、月10万円前後の収入で、到底自らの生計を立てることすら難しい状況にある。

Social Firm

社会的弱者を取り巻く環境

人口の約15％を占める社会的弱者

社会的な理由によっていろいろな困難に直面している人々、いわゆる「社会的弱者」にとって、このような労働市場ではますます雇用が厳しい状況となる。身体障がい者・知的障がい者のみならず、高齢者やニート、引きこもり、刑務所から出所した人（刑務所出所者）、母子家庭の母親等も「働きたくても働けない」「働いても豊かにならない」社会的弱者として見ることができる。このような社会的弱者は、重複を考慮しても最低でも国内に約２０００万人おり、適切な仕事に就けない状況に陥っているのである。

まず、第一の社会的弱者として障がい者があげられる。障がい者数は政府の統計で約７９０万人とされており、人口１０００人あたりの人数で見ると、身体障がい者が31人、知的障がい者が６人、精神障がい者が25人となる（平成27年障害者白書）。しかし、この統計は、日本の障がい者の定義の狭さや障がい者の潜在化などから低いと見られており、国際標準では人口の10％が障がい者と考えられている。

障がい者の雇用に関して、さまざまな支援策が講じられているが、いぜん厳しい状況である。現に精神障がい者で働いている者は、わずか17％にすぎない。一方で知的障がい者の雇用率は50％を超えているが、大半が福祉の施設での雇用である。近年注目されるようになった発達障がいを抱えた人たちについて、もっと施策の充実が必要である。

リーマンショックや東日本大震災など経済的な問題が国内で発生したとき、真っ先に解雇されるのは障がい者だった。障がい者のなかには「働く場を見つけること、または働くこと自体をあきらめた」という人も実際は多い。そういった人たちが「働く意欲と能力がない」とされ、失業者に加えられていないのも見逃すことができない問題である。

働く意欲のある高齢者と現実のギャップ

高齢者については、人口の割合から今後ますます多くなってくることが予想される。

高齢者で65歳以上の人は３３８４万人（総人口に占める割合26・7％）おり、そのなかで「もっと働きたい」という人が少なく見ても１０００万人くらいはいると推測される。

総務省の労働力調査（２０１５年）によれば、年齢階層別の就業率を見てみると、55～59歳の就業率は78・7％（男性90・2％、女性67・5％）であるが、60～64歳は62・2％（男性75・5％、女性44・2％）、65～69歳は41・5％（男性30・3％、女性15・0％）と、年齢が上がるに従い大きく低下している。

一方で、高齢者の就業に対する意向を見てみると、厚生労働省「中高年者縦断調査」（２０１０年）によれば、「団塊の世代」を含む60～64歳では、仕事をしている人のうち56・7％が65歳以降も「仕事をしたい」と考えており、「仕事をしたくない」と考えている人（16・6％）を大きく上回っている。60～64歳の全体で見ても、65歳以降に「仕事をしたい」人は44・0％で、「仕事をしたくない」人（31・4％）を上回っており、現在の65～69歳の就業率（41・5％）と比べても高い割合となっている。

内閣府「高齢者の地域社会への参加に関する意識調査」（２００８年）では、高齢者の退職希望年齢を見ると、65歳までに退職したい人は3割に満たず、残りの約7割の人は「70歳以降まで」または「働けるうちはいつまでも」働きたいと考えている様子が見て取れた。

このように、わが国においては、高齢者の高い就業継続意欲が必ずしも実際の就業に結びついていないといえるだろう。

ニートや引きこもりへの就職支援

ニートについては、文部科学省の調査では毎年6万人から7万人ずつ増加している。政府は彼らへの支援策として、働くことに悩みを抱えている15歳から39歳までの若者に対し「地域若者サポートステーション」という施設を開設した。キャリア・コンサルタントなどによる専門的な相談、コミュニケーション訓練などによるステップアップ、協力企業への職場体験などにより、就労に向けた支援を行っている。今後の成果に注目していかなければならない。

引きこもりをしている若者はどうだろうか。内閣府が２０１０年２月に実施した「若者の意識に関する調査（引きこもりに関する実態調査）」によると、「ふだんは家にいるが、近所のコンビニなどには出かける」「自室からは出るが、家からは出ない」「自室からほとんど出ない」に該当した者（「狭義の引きこもり」）が23万６０００人、「ふだんは家にいるが、自分の趣味に関する用事の時だけ外出する」に該当した者（「準引きこもり」）が46万人、「狭義の引きこもり」と「準引きこもり」を合わせた数は69万６０００人と推計される。引きこもりとなったきっかけとしては、「職場になじめなかった」「就職活動が上手くいかなかった」等の仕事に関するものが53・７％と半数を超えており、就労支援や就職後のサポートが重要である。

働くことと再犯率の関係

刑務所出所者は毎年３万人ほどいるが、かなりの人々が再犯を繰り返し、再び刑務所に戻っている。刑務所出所者の再犯については、職に就くことができず、住居も相談相手もいない状況で引き起こされているケースが多く、刑務所出所者の就労や衣食住等の生活基盤を整えて、円滑な社会生活への移行を促進することが社会復帰への鍵となる。

刑務所出所者は対人関係・社会適応能力に問題を抱える者が多く、就労の確保が常に厳しい状況にある。このため、２００６年度から、法務省と厚生労働省が連携し、刑務所出所者に対して積極的かつきめ細かな就労支援を行う刑務所出所者等就労支援事業、いわゆる「就労支援事業」が開始されている。

就労支援事業では、刑務所および少年院ならびに保護観察所が、支援を希望する受刑者および少年院在院者、または保護観察対象者および更生緊急保護対象者のうち、稼働能力・就労意欲等一定の要件を満たした者を支援対象者または準支援対象者に選出し、公共職業安定所に対して就労支援の協力依頼を行うこととされている。

就労支援事業により毎年2000人程度が就労に至っている。しかし、保護観察対象者のうち、毎年9000人程度は無職の状態で保護観察を終了していることなどから、依然として刑務所出所者等の就労の確保は厳しい状況にある。

就労や住居の確保等を通じた刑務所出所者の社会復帰の支援は、地域社会の理解と協力を得て進めていくことが重要である。刑務所出所者を雇う雇用主、住居確保におけるアパート等の提供者をはじめ、職業訓練・職業紹介を行う施設、住居の斡旋、福祉的なサポート等で、公的機関だけでなく民間企業が、専門性やノウハウを活かして連携することで、より効果的な刑務所出所者の就労・生活支援が可能となる。刑務所出所者に責任ある社会の一員としての役割を与え、地域住民が彼らを受け入れることができれば、彼らの円滑な社会復帰と再犯防止が促進される。

Social Firm

経済的自立が難しい母子家庭と生活形態の変わるホームレス

一人親家庭について見てみると、わが国における母子家庭の数は123万8000世帯、父子家庭の数は22万3000世帯（2011年現在）である。1985年に比べて、母子家庭は1・5倍、父子家庭は1・3倍に増加している。

母子家庭となった要因は、離婚が8割を占めている。就労状況については、「全国母子世帯等調査」（2011年）によれば、約81％の母親が就労できているが、正規雇用は4割を割り込むなど、環境は決してよいものではない。収入においても平均で223万円（そのうち就労収入は181万円）であり、児童扶養手当受給者数も2013年現在で108万3000人と多く、経済的な自立は難しい状況である。

厚生労働省の調査ではホームレスの人数は、20

15年1月には6541人で、2007年から年々減少している。しかし、実質的にホームレスと同じ状態にある人は減少しておらず、むしろ増えており、深刻化している。一般的なホームレスのイメージにある「野宿をする」代わりに、ネットカフェや夜遅くまで営業しているファストフード店で夜を過ごすのである。そのなかには、高学歴の者も混じっている。

厚生労働省推計によれば、ネットカフェ難民は約5400人（2007年6～7月調査）にもなり、離職により直ちに家賃が払えない、あるいは寮等を追い出された労働者が多数を占める。岩田正美氏（日本女子大学教授）の調査でも、野宿者のうち、直前に常用雇用だった者が28・1％にのぼり、これに管理的・自営的職業従事者を加えると33・5％にもなる。わが国では、失業と貧困との相関が非常に強い。

社会的弱者が生まれる三つの側面

それではなぜ、このような社会的弱者が生まれてしまったのだろうか。そして、少しでもその数を減らすには、どのような対策を施せばよいのだろうか。答えを見つけ出すには、彼らを取り巻く環境について考慮する必要がある。

本章では、彼らの環境を、①家族の変化、②地域社会の変化、③貧困の拡大の三つの側面から分析した。

①家族の変化

第1の家族の変化では、孤立状態にある高齢者や高齢者夫婦世帯が急増していることがあげられる。

高齢者のいる世帯は、1986年には全世帯の26・0％だったが、2010年には42・6％にまで増加している。そして、高齢者のいる世帯のうち単身の高齢世帯が、1986年には13・1％であったものが、2010年には24・2％と倍以上の割合となり、高齢者のみの世帯が、1983年には18・2％であったものが、2008年には29・9％と大幅に増加している（平成22年国民生活基礎調査）。高齢世帯の「孤立化」が進んでいるのである。

世帯の孤立化によって引き起こされる問題が「孤

独死」「孤立死」である。孤独死は『広辞苑』にも「看取る人もなく、一人きりで亡くなること」という意味で掲載されている。孤独死が注目されたきっかけは、1995年に発生した阪神・淡路大震災のとき、仮設住宅で高齢者が相次いで亡くなったことだった。その後、「孤独死」に代わって「孤立死」という言葉が使われるようになった。あえて「孤独」と表現されなくなったのは、一人暮らしに限定せず、老老介護の世帯など幅広くこの問題をとらえるためである。

都市部の大型団地などで人や地域との関わりが希薄になった結果、家で一家全員が亡くなっても周りの住民が誰も気づかず、数日後に遺体となって発見されたというケースが増えている。

記憶に新しいのは2012年1月20日、札幌市白石区の賃貸マンションで42歳の姉と40歳の障がいを持つ妹の遺体が発見されたケース。姉が先に病死し、次いで妹が凍死したと見られている。そして、それを皮切りに埼玉県さいたま市・入間市、東京都足立区・世田谷区、東日本大震災の被災地である福島県南相馬市と、家族単位での孤独死が立て続けに明らかになった。

②地域社会の変化

第2の地域社会の変化では、地域住民の社会的なつながりの喪失があげられる。この傾向は、高齢者が多い地域として、いわゆる過疎地域や限界集落といわれる地域とともに、東京都や大阪市などの大都市地域において顕著である。

また、若い世代を見ても、情報化が進むにあたり、人と人との濃密なつながりを拒否するという日本社会の状況があるのではないだろうか。

家族や地域社会の変化により、一人ひとりの人間が孤独化・孤立化してしまい、社会的に弱い立場の人たちを生み、社会から排除される要因になっている。

③貧困の拡大

最後に、社会的弱者を取り巻く環境で最も深刻になっているのは、「貧困」の広がりである。

厚生労働省が2014年7月にまとめた「国民生活基礎調査」によると、低所得者の割合を示す「相対的貧困率」は16・1％だった。これらの世帯で暮らす18歳未満の子どもを対象にした「子どもの貧困率」も16・３％となり、ともに過去最悪を更新した。

これは、日本人の約６人に１人が相対的な貧困層に分類されることを意味している。この調査では、「貧困率が過去最高を更新したのは、長引くデフレ経済下で子育て世帯の所得が減少したことや、母子世帯が増加するなかで働く母親の多くが給与水準の低い非正規雇用であることも影響した」と分析している。

また、生活保護制度の利用者は、２０１５年12月で約２１７万人となり、人口１００人あたり１・７人が生活保護を受けていることになる（被保護者調査、平成27年12月分）。世帯数は約１６４万世帯である、49・６％が高齢者世帯、27・３％が傷病者・障がい者世帯、６・５％が母子世帯である。

このようなハンディキャップや年齢、環境等により社会的弱者が生まれ、彼らが働けない（もしくは、働いても賃金が低い）状況が貧困につながり、生活が苦しいことでますます働くチャンスが失われる。

以上にあげた三つの側面の問題を解決する方法は、はたしてあるのだろうか。ヨーロッパで生まれた「ソーシャルインクルージョン」（社会的包摂）という一つの考え方が、その糸口を示している。

Social Firm

ソーシャルインクルージョンの鍵となる「第３の職場」

ソーシャルインクルージョン誕生のきっかけと広がり

ソーシャルインクルージョンという概念が政策理念の一つとして用いられるようになったのは、ヨーロッパが発祥とされている。なかでもフランスでは、１９９０年代から障がい者に加え、薬物依存者や移民労働者を含めた社会的弱者の排除（ソーシャルエクスクルージョン）が起こるようになり、彼らを社会の構成員として認め、受け入れることが政策課題として打ち出された。

例えば、イギリスでは1997年にブレア政権が弱者を包み込み受け入れる「包摂的社会」を目標として掲げ、首相管轄の部署としてソーシャルインクルージョン室が設置された。この室では、知的障がい者に対するサービスの向上や、働いていない（働けない）若年層などをターゲットとしたプログラムづくりが進められている。

やがてこの理念はEU（欧州連合）諸国に広まり、ヨーロッパ全体でソーシャルインクルージョンが主要目標の一つとして掲げられるようになった。2000年に公布された欧州連合基本権憲章では、第26条に「障がい者の地域社会への参加を保障する」とし、その権利を尊重することを明示している。

一方、2006年に国連総会で採択された障害者権利条約では、第19条に「自立した生活及び地域社会への包容」とし、「障害者が地域社会に包容されながら容易に参加できるよう効果的な措置をとる」と明記された。この条約はわが国でも2014年1月に批准された。

ノーマライゼーションからソーシャルインクルージョンへ

ノーマライゼーションとは、障がい者が健常者と平等な生活を送れるように環境を整え、支援することを指す。わが国では政府が主体となり、福祉インフラの推進や施設のバリアフリー化等、主にハード面の整備が行われてきた。

しかしながら、いくら環境がよくなったからとはいえ、社会に弱者を排除する動きが残っていれば、彼らの生活水準は向上しない。そこで社会的弱者を積極的に受け入れる動き（ソーシャルインクルージョン）が必要となる。

また、ノーマライゼーションは主に福祉という面から推進されてきたが、ソーシャルインクルージョンは産業や教育、芸術等多方面からの理解と支援により成立する。私たち自らが参加し、協力し合うことが重要なのである。

わが国では、なかなかソーシャルインクルージョンの理念そのものが理解されない。その原因の一番大きいものとして、ヨーロッパの場合は社会的な排除というのが目に見えやすいが、日本は見えにくいということがあげられる。例えば、ヨーロッパでは外国人を暴力的に追い出そうとする形で「排除」が可視化するので、日本とは対照的である。

社会的弱者にとってよりよい社会になるには

筆者は２００８年３月に、東京・大阪で日本でのソーシャルインクルージョンの必要性について集会を開き、訴えてきた。約３００人が熱心に聞いてくださり、徐々にではあるが、国民にソーシャルインクルージョンの必要性が浸透してきたように感じている。

日本の政治や行政のなかで、ソーシャルインクルージョンのような理念が出てきた場合には、社会的な啓発、社会的な教育運動が必ず行われる。例えば社会的弱者を差別せず、できるだけ地域社会のなかに温かく迎え入れて、みんなで一緒に助け合って生活しようというキャンペーンが行われるのである。場合によっては小学生の作文コンクール、ポスターを募集するようなことも行うかもしれない。そして「これがソーシャルインクルージョンの政策だ」と政治家や官僚は満足してしまう。

本当にそのような啓発には、どの程度の効果があるのか。まったく効果がないとは言わない。しかし、啓発だけでは社会的排除の問題に対して解決の決め手にはならない。

問題解決の要《かなめ》は、就労と教育である。この二つを経験する機会がないために、社会的な孤立や社会的な排除が起こっている。逆もまた真なりであり、社会的な孤立や社会的な排除があるために働く場所がない、教育の機会がない。その両者の関係に注目する必要がある。

人はみな誰しもが経験することであろうが、人と人とのつながりというのは、共に学び、共に働くことによって形成される。

仮に社会的に孤立をしている、社会的に排除されているということは、働く機会もない、一緒に学び合う機会もないということだ。

このことから、社会的孤立・排除に対応するためには、単なる啓発で済む話ではない。就労・教育の二つと、今日の社会的背景にある孤立や排除という問題が、相互に密接な関係があるのだ。

社会的排除を産み出す環境を改善するには、この関係を断ち切らなければならない。そのために仕事と教育の機会をいかにして用意し、提供するか。これが重要なポイントであり、その機会をつくり出すのがソーシャルインクルージョンなのである。

では、地域社会におけるソーシャルインクルージョンとは具体的にどういった取り組みを行えばよいのだろうか。

ソーシャルインクルージョンの3本の柱

ソーシャルインクルージョンに取り組むために必要な基本的な柱が何かと考えてみると、主にあげられるのは次の三つである。

①排除に抵抗する動力

一つは、先ほど書いた社会から排除しようとする力に対して、抵抗して、それを社会のなかに取り込もうとする動的な動きである。待ちの姿勢ではなく、取り込もうとする働きかけが必要である。

②地域全体を巻き込む勢い

次に、ソーシャルインクルージョンを一つの地域全体で行うということがあげられる。

③問題を多方面から捉える力

最後に、ソーシャルインクルージョンを行う場合は、従来の狭い社会福祉だけでは不十分であり、仕事、教育、住まい、芸術、レクリエーションなど従来では必ずしも福祉サービスで取り上げられてこなかったものについて注目し、取り組まなければならないことである。特に「就労」と「教育」は最も重要な要素である。

働くことのメリット

社会的弱者が就労しにくい環境にあることは前述した。就労しにくいということは、すなわち企業から見て、社会的弱者を職場へ受け入れることに抵抗があるということである。

しかしながら、社会的弱者にとって労働に参加することは、多くのメリットが存在する。法務省の資料によれば、刑務所出所者において保護観察対象となった者のうち、有職者よりも、無職者の方が再犯率は高く、その差は5倍と大きい。このことからも、就労することのメリットがうかがえるだろう（第7章参照）。

就労による具体的なメリットとしては、大まかにあげると次の五つが存在する。

①人間としての尊厳

働くことにより自尊心を得て、生きていることの実感が湧く。職場から必要とされていることに気づき、自分自身の価値を見出すことができる。

②経済的自立

労働に見合った賃金を得ることで、安定した生活を送ることができる。収入から国や地方自治体に税金を納めることで、国民としての義務も果たすことができるようになる。

③心身の健康

就業時間が決められているため、規則正しい生活ができる。勤務先で人に会うことで孤独から解放され、精神的充実感を得られる。

④人間としての成長

労働に関するスキルやマナーが身につく。就労前にはわからなかった一般常識や現場での対応力を学ぶことができる。

⑤職場でできる人とのつながり

上司や部下、同僚や企業の取引先とのつながりができ、人間関係を広げることができる。話し相手や相談相手ができ、孤立から逃れられる。

これらのメリットを社会的弱者が享受するには、社会的弱者を受け入れるための職場が必要であり、国、自治体などの公的職場、一般企業とは異なる「第三の職場」が鍵となる。

第三の職場（社会的企業）の必要性

現在、国内の職場は二つに分けられると考えられる。第一に公的な職場、第二に一般企業である。

第一の職場――公的な職場

公的な職場とは、授産施設や小規模な共同作業所など、税金を投入し社会福祉の法制下につくられた職場であるが、社会的弱者の立場からいえば、仕事の種類も限られ、満足な収入が得られないなど、問題点も多い。公的な職場での収入は1か月1万円以下であることが大半である。

第二の職場――一般企業

第二の職場である一般企業は、障がい者雇用率制度により事業主に対して、法定雇用率以上の割合で障がい者を雇用する義務がある。現在は一般企業では2・0%の障がい者を雇用しなければならないが、日本の平均は1・8%にしか届いていない。

社会的弱者の雇用枠拡大のために

この二つの職場に社会的弱者の雇用枠を求めていては限界がある。前述したが、約1000万人の障がい者が存在し、仕事の面なり社会との関係性で悩んでいる人が多くいるなかで、第一の職場と第二の職場だけでは十分に対応しきれない。

そこで、彼らの仕事を新たに「つくっていく」ことが望まれている。その職場が「第三の職場」なのだと感じている。

第三の職場とは、公的な職場と同じように社会的目的をもちながら、一般企業のようにビジネス的な手法で経営を行うハイブリッド型の職場である。第三の職場は「社会的企業」とも呼ばれ、例えば「障がい者の働く場所をつくる」「刑務所出所者の仕事場をつくる」「ニートや引きこもりで働けない若者のための仕事場をつくる」等の社会的な目的を有している。

しかしながら、公的な職場のように税金に依存することはない。税金による援助を拒むものではないが、税金による制度があるから始めようというものではない。

第三の職場は、あくまでビジネス的手法を基本として進めていく。賃金も市場価値によって払い、生産した商品を売る場合も、市場価格に合わせて売るのである。そして、労働者となる社会的弱者にとってやり甲斐のある職場（ディーセントワーク）を提供する、という大きな目的も第三の職場は有している。

公の目的としてのソーシャルインクルージョンの具現化

ソーシャルビジネスは、前述したとおり社会的な目的をビジネススキルの有効活用により解決するだけではなく、日本の社会において重要な一人ひとりの地域住民がそれぞれ助け合う、公《おおやけ》の目的のために横でつながっていくという利点もある。市民社会と呼ばれることもあるが、日本社会でこれまでなかなか形成されなかった横のつながりを得るきっかけの一つとしても注目されている。地域住民の方々と一緒になって事業を行い、社会的弱者を住民が支えていく。まさにソーシャルインクルージョンの具現化なのである。

　この社会的企業は、国内ではその重要性が十分認識されておらず、勢いもまだまだ足りない状況である。しかし、これから重要なのは、公的な職場や一般企業の職場の発展以上に、この第三の職場をいかに強化していくかである。それによって、日本が抱えている閉塞状況にある社会問題に対する、一つの回答、打破する手段が得られるのではないだろうか。

　そこで本書では、社会的企業の一つとして「ソーシャルファーム」を取り上げ、さまざまな分野で社会的弱者が労働力として参加し、利益をあげている団体を紹介していく。

Social Firm

ソーシャルファームの可能性と未来

北イタリアのトリエステから始まったソーシャルファーム

ソーシャルファームは１９７０年代、北イタリアのトリエステで生まれた。トリエステの精神病院に入院していた患者たちが働きながら通院治療に移行するための労働環境の提供を目的として誕生したのである。

　イタリアでは協同組合の形式であるが、ソーシャルファームと同様の機能を果たしているこの動きは、ドイツ、イギリス、オランダ、フィンランド、ギリシャ等、ヨーロッパ各国に広がった。現在では、ソーシャルファームは約1万社以上、ヨーロッパに存在している。

ソーシャルファームの雇用対象は、はじめは障がい者に限られていたが、やがてその対象は通常の労働市場で仕事が見つかりにくい人——高齢者や母子家庭の母親、ホームレスやニート、引きこもりや刑務所出所者等にも拡大していった。

では、日本国内におけるソーシャルファームはどのような展開をしているのだろうか。

ソーシャルファームの理念

ソーシャルファームを設立・運営する上で必要な条件として、以下の三つをあげることができる。

①通常の労働市場では仕事が見つかりにくい人を対象とすること

ソーシャルファームは、通常の労働市場では仕事が見つかりにくい人たちに対して仕事を用意するのが第一の目的である。その中心は障がい者であるが、障がい者だけではなく、難病患者、高齢者、刑務所出所者等が対象になり得る。

②ビジネス的な手法を基本とし市場原理に基づくこと

社会的企業の項でも述べたが、ソーシャルファームは公的職場のように税金を財源とすることを前提としない。あくまでビジネス的な手法で行うのが基本だ。たとえ税金による援助があっても構わないが、それを前提にして事業を進めてはいけない。税金の援助を受けるからやるというスタンスはソーシャルファームの理念に背く。

③利潤を外部に出さない

三つめは、利潤を目的にしないということである。つまり、事業にお金を投資して、その結果、利潤が出たとしても、儲けに組み入れようというものではない。②に書いたビジネス的手法で事業を展開するため、あくまで利益はあげなければいけないが、それはあくまで配当という形で外には出さず、組織内部に再投資する。

わが国のソーシャルファームの形態

現在、わが国にソーシャルファームという法人格は存在しない。そこで、わが国のソーシャルファームは主に社会福祉法人、ＮＰＯ法人、株式会社（特例子会社も含む）、農事組合法人等の形態をとっている。

立ち上げのきっかけとしては、例えば大きな企業や資産家が金銭面をサポートして設立されるものと、大きなスポンサーが存在せず、社会的弱者自らが団体をつくり、健常者の支援を受けながら経営するものなどがある。

環境に関する事業事例

現在、世界規模で地球温暖化をめぐって環境問題が重要視されている。

日本の産業は、ほとんどが動脈産業である。新しい資源からモノを産み出し、不要なものはゴミとして廃棄するといういままでのやり方を続けていけば、間違いなく限界は早期に訪れるだろう。世界は資源を無駄にせず不要なものも再利用するリサイクルへ潮流が変わってきた。しかし、静脈産業は国内では未開拓の部分がまだまだ多く、この分野を担う労働者が求められている。環境省の推計では、２０００年に環境事業に携わっている人は約１００万人いるといわれており、それが２０２５年には２２０万人になると予測されている。

この環境問題への対策事業の主だったものはリサイクル事業であるが、これに取り組むことで、大きな仕事のチャンスがあるのではないかと考え、事業を展開するソーシャルファームが存在する。

①いちょう企画の古本販売

東京都八王子市の「いちょう企画」では、古本の販売を始めた。まず古本の提供を呼びかけることから事業が始まった。各々の家に余っている、なかなか処理できない、捨てるのももったいない本がないか呼びかけ、寄付してほしいとお願いした。そうして集まってきた古本を、障がい者たちが丁寧にオイルやサンドペーパーや消しゴムできれいにし、ハトロン紙でそれを包装し、見栄えを整え、インターネットで通信販売を行った。

この事業では焦ることを避けた。可能な限り労働者のペースに合わせ、ゆっくり仕事をし、売れなくてもかまわないから楽しく仕事をしようという姿勢が、企業としての成功につながったのである。

②エコミラ江東の廃プラリサイクル

東京都の江東区にある「エコミラ江東」の事業は、廃プラスチックのリサイクルである。江東区の9000か所のゴミステーションから集められた廃プラスチックを分別し、ペレット化したものをプラスチック業者に販売するという内容である。

現在は11名の知的障がい者が月給約12万円で働いている。なかには家族を健康保険の被扶養者にし、自立した生活を送る従業員もいる。

③あうるずのエゾシカ資源活用

在来種を駆逐する恐れのある生物を活用し、生物多様性を守りながら産業化しようという動きが各地で起こっている。例えば、北海道帯広市にある「NPO法人コミュニティシンクタンクあうるず」では、エゾシカの皮を活用し、ハンドバッグの製造を行っている。

北海道内、特に道東地区に蔓延するエゾシカが植物を食べつくすことで生態系が崩壊する可能性があることから、エゾシカの駆除とその利用法が模索されてきた。そこで社会的弱者が働ける場を提供するとともに、生物多様性を保つという目的で、エゾシカ皮の加工事業が立ち上がったのである（第9章参照）。

このように、身の回りにある不要なものを再利用し、加工・製造の段階で社会的弱者を雇用するという手法は、ソーシャルファームを立ち上げ運営する大きな目的となる。

農業・酪農に関する事業事例

国内での食料自給率は40％を割り込み、食料の過半数を海外に頼る状況が続いている。そのようななかで、農業・酪農に注目し、ソーシャルファームを運営する団体がある。

①共働学舎のチーズづくり

北海道新得町にある「共働学舎」は農業生産法人

であるが、就労するための条件はない。誰でも働くことができる。すでに働いている人たちのなかには、サリドマイドの薬害により手の不自由な人もいれば、引きこもりをしていた若者もいる。刑務所出所者もいれば、不登校になってしまった者もいる。総勢約70名がそこでチーズづくりを行い、共同で生活しているのだ。

彼らの努力は認められ、パリのチーズコンクールではグランプリを獲得した。東京駅の八重洲口前にある北海道のアンテナショップでも売られており、日経新聞が掲載した「お取り寄せ可能な手づくりチーズ」ランキングで第7位にランクインした。洞爺湖サミットが開かれたおり、各国首脳に共働学舎のチーズが振る舞われるなど、いまや共働学舎のチーズは日本の代表的なチーズとして定着するまでに至っている。（第6章参照）

②たんぽぽの自然農法等による野菜栽培

埼玉県飯能市の「ぬくもり福祉会たんぽぽ」では、長期失業者や精神障がい者6名が、固定種による自然農法を用いた野菜づくりを行っている。農地面積は2016年現在1万9000㎡であり、植物の堆肥でつくった有機質の土壌を用い、無農薬栽培を行うなど、安心・安全な野菜を提供できるよう、管理が徹底されている。また、畑で収穫した野菜を使ったイタリアンレストラン「旬菜カフェたんぽぽ」を飯能市の駅前に開業し、外食サービス部門で利益をあげている（第5章参照）。

福祉に関する事業事例

豊芯会の高齢者向け宅配弁当サービス

東京都豊島区にある豊芯会「ハートランドひだまり」では、精神障がい者が高齢者の家へ弁当を配達する事業で利益をあげている。弁当の宅配サービスを行う民間企業も豊島区に存在しているが、豊芯会の宅配サービスが縮小することはなかった。むしろ区役所からサービス委託先として選ばれたのである。

これは、前述した孤独死・孤立死を防ぐという点でも注目される。サービスを利用する高齢者のなかには「障がい者が話を聞いてくれることで、一人で暮らす寂しさが紛れる」と述べる人がいるほどだ。実は精神障がい者は、健常者よりも物ごとをしっかりと、一つひとつ確認していくという特色がある。高齢者にとってそれは「声かけ」となり、機械的に渡されるよりも快い（第2章参照）。

ソーシャルファームの三つの未来像

将来的に、ソーシャルファームは三つのパターンに分類できるようになっていく。まず、2000万人以上存在する社会的弱者が生涯働ける場所を提供する事業となること。二つ目は、社会に出るための職業訓練や社会生活に慣れる場として、一般企業に転職する際の中間的な位置づけとして存在すること（**図1−3**）。三つ目は、ソーシャルファーム自体が一般企業に発展し、株式市場に上場する大きな企業になることである。

目標としてあげられるのは、現在1700ある市町村すべてに最低一つのソーシャルファームが存在し、最終的には全国2000社の第三の職場をつくりあげることだ。

2000社という数の根拠として、ヨーロッパで現在1万社以上のソーシャルファームが存在することが元となっている。日本とヨーロッパとの人口の割合からして、その約5分の1が日本の人口であるから、日本にはだいたい2000社あってもいいのではないだろうか。そこで「ソーシャルファームを日本に2000社つくろう」ということを呼びかけている。

ソーシャルファームはさまざまな税制上の問題、行政上の問題があり、ソーシャルファーム、もしくはソーシャルファームを支援する団体、個人に対する税制優遇や法整備などに向けて政治や行政への働きかけも重要になってくるだろう。日本におけるソーシャルファームのあり方や全国のプラットホームとなるべく、2008年に有志が集まり、ソーシャルファームジャパンが設立された。

北は北海道から、南は九州から人材が集まり、共に商品やサービスの開発を行ったり、いろいろな利用者、支援者を固めていく手助けをしている。会費などはなく、有志でアイディアを出し合っていこう

図 1-3　ソーシャルファームの位置づけ

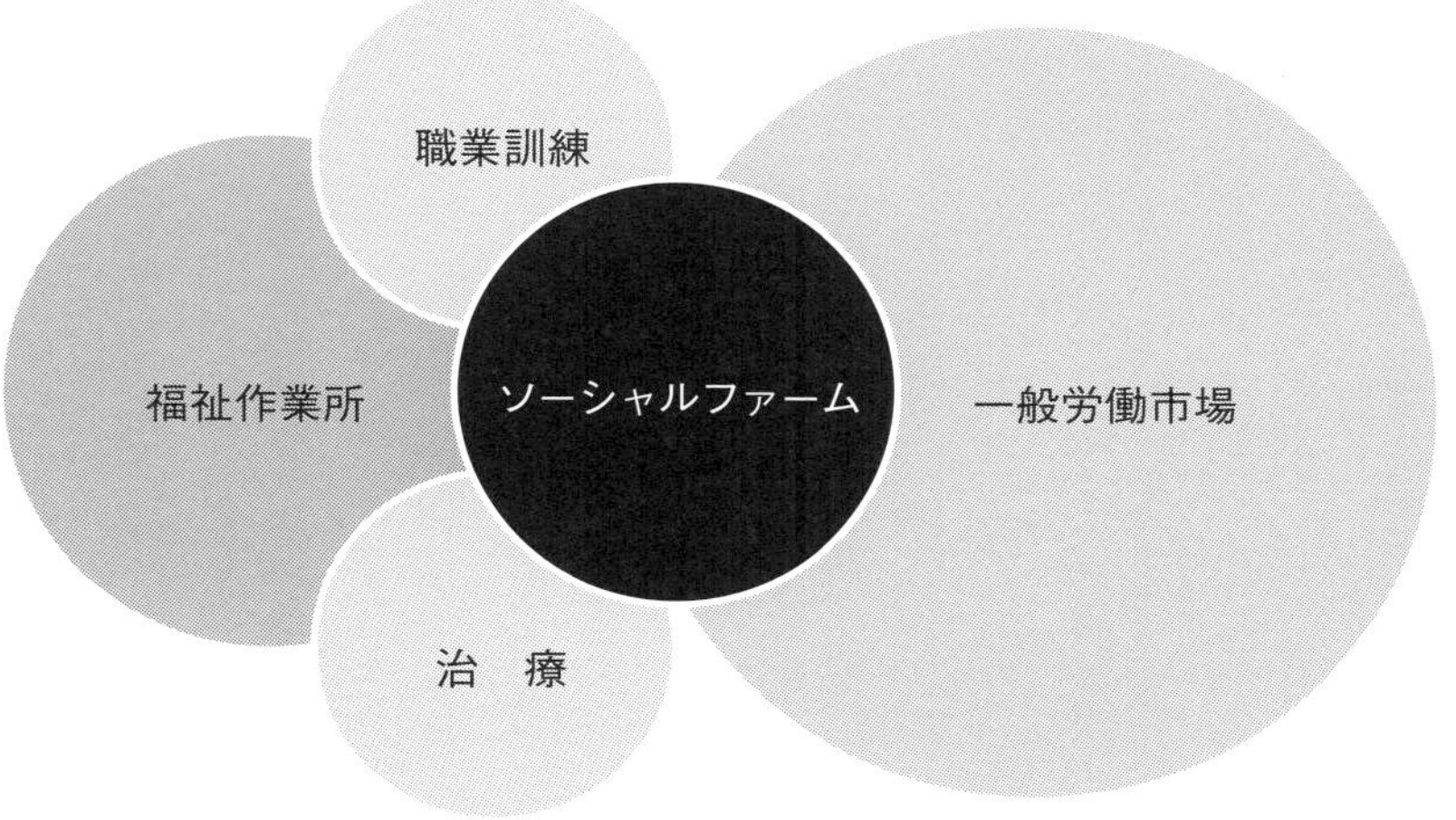

注　第１回ソーシャルファームジャパンサミット in 新得（NPO 法人コミュニティシンクタンクあうるず）資料による。

という組織である。

日本の福祉が変わる

ソーシャルファームのメリットは、社会的弱者の雇用という福祉の面だけではない。ソーシャルファームを地域住民と共に運営していくことで、活気のあるまちづくりのきっかけとなることも大きな利点だ。

ソーシャルファームをわが国で発展させるためには、イタリア、ドイツ、イギリス、その他の国との国際的な連携も、大いに役立つ。単なる情報の交換だけ、もしくは技術の交換だけにとどまらず、お互いに、できた商品を交流し合うことになれば、自国よりも高価で売れ、利益を得やすいというメリットも予測できる。

筆者は、福祉というのは、その人が一人の人間として尊厳ある生活ができるようになることだと考えている。もっと硬い言葉でいえば、一人ひとりの人権が保たれ向上する、それが福祉なのだ。

先述したように、わが国の社会はいま、大変な混乱時期にある。経済も社会も、政治も混沌のなかにある。そのようななかで、わが国のみならず、ヨーロッパもオーストラリアもニュージーランドも、第二次世界大戦後、福祉国家を目指して突き進んできた。しかし、福祉国家は現在壁にぶつかってしまった。頼りにしていた高度成長は望めなくなってしまったのだ。

福祉国家というのは、ケインズ経済に基づく、高所得者から低所得者に対して所得分配をしようという仕掛けであった。パイを大きくしなければいけないという前提があったことで、壁にぶつかってしまった。新自由主義経済という主張が表出し、その理論によって、大きい政府では成長は望めない、市場原理に基づいて競争していかなければならないという主張が、日本やアメリカなどを席捲したのである。

果たしてそれだけでいいのか。その結果なにが残ったのか。残ったものは増加した貧困であり、それにより生まれてしまった生きがいを喪失した若者たちや高齢者、障がい者の方々など、社会的弱者なのである。そこで未来に向けて、大きい政府のようなものではないが、かといって新自由主義経済のように市場原理によるものでもない、貧困を食い止め、社会的弱者を減らしていくための第三の職場としてソーシャルファームが必要となってくる。社会的弱者がソーシャルファームという職場で働き、経済的に自立する国。それが新しい福祉の形であり、国家の形であると私は思う。

ソーシャルファームがすべてを解決するわけではないが、この第三の職場が人々のつながり「ソーシャルインクルージョン」を産み出し、新しい福祉の姿が描かれていく。これからの社会のあり方、国家のあり方を考えるとき、ソーシャルファームは外せない重要な考え方である。

第２章

多様な働く場と機会の創出にあたって

～豊芯会フードサービス事業と英国ソーシャルファーム～

東京家政大学人文学部教育福祉学科教授　上野 容子

豊芯会の活動は1978年、前理事長である精神科医の穂積登氏が南大塚診療所（精神科）を開設したと同時に、精神に障がいのある方々への憩いの場を自費で借り上げたことが始まりだ。病院のソーシャルワーカーがボランティアで作業所づくりを始め、現在は自立支援法の多機能型事業所ジョブトレーニング事業所（就労移行、就労継続支援Ａ型、Ｂ型）相談支援事業、地域活動支援センターⅢ型を２か所、グループホーム、居宅介護支援事業所、ホームヘルプサービスを運営している。精神障がい者約180人（うちＡ型21人）が利用し、常勤17人、非常勤29人の職員を擁する典型的な障がい者支援団体だ。

ここでは、現在大きなテーマになっている、障がいのある方だけでなく、一般就労が難しい制度の狭間にある人たちの支援について、制度ができる前から活動してきた豊芯会の歩みや、英国のソーシャルファームから考えていく。

Social Firm

居場所づくりから働く場づくり、仕事おこしへ

精神疾患と障がいのある人たちとの出会い

筆者は、1971年から5年ほど、大学時代の恩師の紹介で、医療法人白十字会松見病院（東京都小平市）に精神科ソーシャルワーカー（1988年に精神保健福祉士として国家資格となる）として勤務し、そこで多くの精神疾患や障がいのある人たちと出会った。

彼らは、症状が回復し退院できても、当時は地域医療や生活支援関連制度が皆無であったため、生活しようとしても地域の受け皿もなく、何の支援の手もない状態で生活しているというのが実態だった。

外来受診時に同じ疾患や障がいのある人たちと会う以外は、地域に同じ仲間同士が会える場もなく、雇用先も見つからず、無目的な毎日を過ごさざるを得ない閉居生活を送っており、再発を繰り返す人たちが多かった現実を目の当たりにした。300床の病院にソーシャルワーカーが一人という体制のなかでは自分の力量の限界もあり、個人の力ではどうにもできず、もんもんとする毎日を送っていた。

その当時、小平で非常に熱心に活動していた保健師さんたちがおり、その保健師さんたちに学んだことは多かった。「相談面接をして精神障がい者を理解したつもりであってはならない。自分で足を運んで自分の目で見て、耳でよく聞いて支援することが大切だ」ということを教わった。それがいまの活動の基本となっている。

70年代に精神障がい者の居場所づくり

地域医療・地域生活支援が制度化されるのを待つことはできないと危機感をもった家族、医療福祉関係者等が、1970年代から地域に「集える場」「働く場」「共同住居」等を開設していった。筆者が勤務していた病院から地域に出て、東京都豊島区に南大塚診療所（現ホヅミクリニック）を開設した精神科医の穂積登医師もその一人だ。

開業した診療所から、精神障がい者の生活実態が見えてきた。診断が済んでも待合室で談話し帰宅しようとせず、本当に居場所がないということを痛感した。何も助成制度がない中、自費でマンションの一室を借り、診療所から少し離れた北大塚に、患者さんたちが地域で同じ仲間同士が集える場「みのりの家（現ハートランドみのり）」（東京都豊島区）を１９７８年に開設した。

全国的に各地でこのような場づくりが行われていたが、なかでも家族会が一番早く活動を開始し、自宅を開放し精神障がいをもつ子どもたちの居場所づくりをしてきた。

生活モデル・社会モデルとしての視点へ

当時、精神疾患と障がいに対する偏見は根深いものがあり、このような活動は対象者の支援はもちろんだが、精神保健福祉の啓発活動としても大きな意味をもっていた。これまで対象者を、疾患を中心とした「医学モデル」として捉えていた視点から、精神疾患や障がいを有しているが、その前に一人の生活者である「生活モデル」として捉える視点が地域医療や地域生活支援活動を通して浸透していった。

筆者が関わった集う場づくりから始まった「みのりの家」の活動は、集まった人たちのなかから、「何か仕事のようなことをしたいね」という声があがった。

最初は1個70銭の雑誌の付録とじからだった。当時は内職仕事しかなく、精神障がい者が働きたいと思っても働く場、働く機会というものになかなか恵まれないというのが現状であった。そうであるなら、自分たちで仕事をおこしていこうと力を入れ始めたのが１９９３年だ。

障がい者就労の実態

２００８年1月に厚生労働省が発表した、「身体障がい者、知的障がい者及び精神障害者就業実態調査」によれば、全国の15～64歳以下の障がい者２０５万人（推計）のうち、何らかの形で就業している方はその40・３％にあたる82万６０００人である。

就業率を年齢階層別に見ると、身体障がい者の就業率は、一般の就業率と比べて全体的に20~30%ほど低い分布となっている。これに対し、知的障がい者の就業率は、20歳代では一般とほぼ同水準の60%台であるが、30~40歳代では身体障がい者と同様の水準まで低下し、さらに50歳代後半からは急速に低下する傾向が見られる。精神障がい者の就業率は、どの年代においても20%台で低水準である。

就業形態は、障がい種別により大きな違いがあるが、平均すると、常用雇用が約33万5000人(40・5%)、自営、会社役員、家族従業員の方が約24万5000人(29・6%)、授産施設や作業所に通っている方が約17万1000人(20・7%)、その他が約7万5000人(9・1%)となっている。こう見ると、常用労働者の方たちよりもそれ以外の形態で働いている人たちの数が多く、多様な働き方をしていることがわかる。

福祉的就労も就労の一つであると考えるが、一般就労との間にギャップがあるのが現実である。障がい者の賃金状況は、「障害者白書」(内閣府)に毎年掲載されるが、雇用、就労継続支援A型、就労継続支援B型と三つ比較された図がある。事業所で雇用されている者の賃金の平均月額は、常用労働者全体の26万1000円に対し、身体障がい者の賃金の平均月額は25万4000円と若干低い。一方で、知的障がい者は11万8000円、精神障がい者は12万9000円と、かなり低い水準となっている。

就労継続支援A型事業所の利用者の賃金の平均月額は7万2000円となっており、就労継続支援B型事業所の利用者の工賃の平均月額は1万4000円と、さらに低い状況である。

この福祉的就労と言われている低賃金の状況は、2014年に日本でも批准した「障がい者の権利に関する条約」(略称:障がい者権利条約)の観点から見ても問題があると言える。

Social Firm

サービスの受け手と送り手が逆転したフードサービス事業

働くチャンスの場づくりと地域に参画できる仕事づくり

賃金アップと働くチャンスの場をつくることを、１９９３年から目指した。当事者の方との長い付き合いのなかで、いつも福祉サービスを受けるだけでなく、当事者の人でもいろいろなことができることを感じ取っていたので、そういうことが生かせる何かをしようと思った。

当初、喫茶店に勤務していた人が発病し、退院後職場復帰が困難となり、その人の体験をうまく活用したいということと、近隣に単身高齢者が多く食事づくりにも不自由しているという状況から、家庭料理をつくり配達する活動を始めた。

メンバーは、食事づくりが好きな人、調理の経験を持っている人、皿洗いの経験者等、食事づくりに何らかの関心がある当事者が中心だ。そうして、１９９３年に、精神障がい者共同作業所補助金と東京都地域福祉振興基金の助成を活用して、「ハートランドひだまり」を開設した。

積極的な地域交流とこだわりから生まれた信頼と安心・安全

積極的に外に出ていき、当事者の配食や接客の姿を地域の人に見せることにより、地域との接点が持てるようになった。１９９５年に社会福祉法人の認可を取るが、近隣の反対運動もなく、資金的には区から長期償還の融資を受けることができた。「ひだまり」の活動が起爆剤になり、無事に設立が可能となったと考えている。

最初は30食から始めた家庭料理づくりは、現在、昼・夕食の配達、日曜・祝日も営業し、さらに特別注文弁当、パーティー料理、テイクアウト等も受注できるようになっている。お弁当の素材には、冷凍商品を一切使わない。高齢者への配食サービスだけでも１８０食、そのほか精神科デイケアの弁当、寄宿舎の夕食、企業や学校へのケータリング、利用者の給食、「カフェふれあい」と「ハートランドひだまり」のランチなどを、添加物を使わず野菜を中心にした体にやさしい食材でつくっている。

大手企業が機械で大量につくるのではなく、普通の家庭料理を出すということをコンセプトの中心に置き、いまでは毎日300食ほどを宅配している。

国の制度を活用した設備の充実化

いま、多くの市町村で行っている「ひとり暮らし高齢者配食サービス事業」を、2001年から豊島区の委託事業としてプロポーザル（申し込み）に参加し、入札を受け配食サービス事業を開始している。精神障がい者、知的障がい者の人たちとともに起業し、事業化してきた。

そして2008年、従来の事業を障がい者自立支援法に基づく事業所へ転換していった。A型を始めるときには、建物の修繕や厨房設備を整えるための助成金を活用した。ハートランドひだまりの作業所時代は8畳くらいの広さのところでお弁当をつくっていたが、助成金を受けられることによって厨房を大きく広げ、設備の充実が図られた。

以来、その事業を発展させ、現在障がい者総合支援法の就労支援継続支援A型事業として約二十数名の障がい者を雇用するに至っている。

筆者は、現在経営側で参画し、障がいのある人をはじめ、生活・就労支援者、ボランティアの人たちが共に立場を超えて対等な立場で事業に取り組んでいる様子を見聞きしている。障がいがありながらもこれまで経験してきたことを仕事の場面で生かすことができる職場環境を整えることが就労支援者の役目でもあるし、安定して仕事が継続できるよう日常生活を支援するのが生活支援者の役目である。職場環境を整えることによって障がい者を有している人たちも安心して食事サービス事業に従事することができる。

お弁当を届けているだけではない

高齢者への弁当は、豊島区と板橋区から「この人に」と指定されてくる。そこで、インテーク（予備面接）をして、メニューや調理の方法を検討する。おかゆを希望する人やペースト状を希望する人にも対応する。1食につき区からは300円の補助があるが、弁当の種類によって自己負担が発生する。自

配達するお弁当の調理風景

己負担分は食券を購入してもらっている。
最近は、お弁当配達にも大手企業の参入があり、一時期夕食の注文が減った。さすが大手企業のものは彩りよくつくられている。大手企業と競争するのは大変苦しいが、手づくりの味や調理の工夫で差をつけるしかないと思っている。
一番大切なことは「安否確認」だ。また、配達先の高齢者は、介護事業所のケアマネージャーが紹介してくれるので、ケースワーカーやケアマネージャーとの関係をよくしておく必要がある。
一軒一軒歩いて配達するが、ただ置いてくるのではなく、高齢者に話しかけることが大変重要だ。「お変わりありませんか」「お弁当はいかがでしたか」「なにか気になることはありませんか」と、

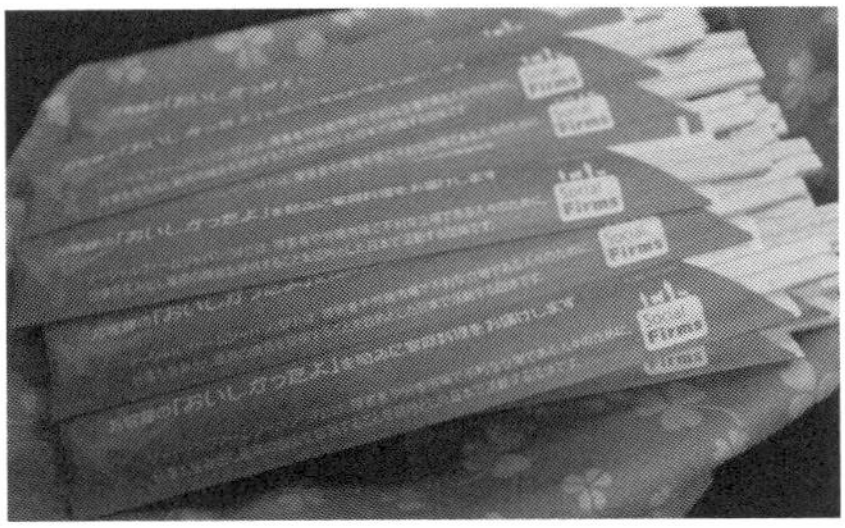
ソーシャルファームマークが入った割り箸

安否確認は怠らない。一人住まいの高齢者にとって、人と接する楽しみでもある。

区が精神障がい者の働く場をつくる

1995年には、豊島区が精神障がいのある方たちの働く場として、区の建物のなかに喫茶店を提供してくださった。区内の作業所を3か所共同で運営した。

豊島区が先駆的だったことは、作業所のような補助金の出し方ではなく、ここは働く場であるということで最初から始まったというところだ。最初は区から約400万円の補助をいただき、年々減らしていくというやり方で、その事業が発展、自立していくように支援してくれた。当時はソーシャルファームということは知らなかったが、いま考えるとソーシャルファームの理念にかなった資金援助であった。

この喫茶店の名前は、「カフェふれあい」といい、当時は豊島区の区庁舎の近くにあったが、2015年に区新庁舎に移転した。東京・南千住にある1986年開業の老舗《しにせ》喫茶店「バッハ」の豆を仕入れ、また開店当初はバッハからスタッフの方を派遣していただいて技術指導を受け、現在に至っている。

武蔵野美術大学宮島教授によるデザインの統一

区新庁舎移転に伴い、武蔵野美術大学造形学部基礎デザイン学科の宮島慎吾教授と新装店のコンセプトを話し合った。宮島教授は日本各地で、デザインの力による地域ブランドづくりや地域活性化を行っている方であるとともに、ソーシャルファームジャパンの理事でもある。

まず、店舗全体の雰囲気の共通認識、簡単に言うとシンボルマークやシンボルカラーの設定を行った。企業でいう、組織の固有性を表すCＩ(Corporate Identity）デザインである。

以前使われていたマークは複雑で印象が弱かったので、新たなシンボルマークは、そこで使われていたコーヒーカップの部分を取り出してシンプルなデザインにした。シンボルカラーは、これまでは深緑

区庁舎内にある、カフェふれあい

色という暗い色を使っていたが、若々しい、もしくはワクワクさせる、同じグリーン系でも日本の伝統色の若草色をテーマカラーに設定した。

カフェ空間のデザインとして、空間を取り巻くものは床、壁、イスや机などさまざまあるが、すべてを若草色で統一するとしつこい印象になるので、家具は木質調のものを使い、メニューなどの印刷物に若草色を採用した。予算も潤沢ではなかったので、うまく既製品を活用しながら、若草色に近い色のものを選んだ。

食べ物ならばおいしくなければならないし、道具であれば使いやすくなければならない。環境やサービスなら居心地がよくなければならない。そういう価値判断を逸脱しないよう、うまくデザイン的にまとまりのあるように空間デザインおよび商品展開を行っていく。

さまざまな立場の人が共に働く場、ソーシャルファームを目指して

現在、登録している当事者は20名で、精神障がいの方が19名、知的障がいの方が1名である。そのほかの主なスタッフとして、ソーシャルワーカーが2名、調理師が3名、70歳以上の高齢者が3名、子育て中の主婦が2名、当事者スタッフ1名、一般就労困難者2名（引きこもり経験者、アトピー性皮膚炎）である。

精神障がいのある方は短時間勤務が多いが、A型事業所として、すべての働き手に最低賃金を保障している。作業所時代は時給２１０円から始まり、月

の平均工賃が1万7450円だったが、現在は平均して月7万2000円くらいになっている。また、労働法規該当者には雇用保険と厚生福利を適用している。

最初は精神障がいの方を中心にしてつくった働く場であったが、働きたいけれど働けないという状況の方が集まってきた。障がいのある人たちとともに、「さまざまな立場の人々が共に働くソーシャルファームを目指して」の理念を共有できる場に今後もしていきたいと考えている。

こういうなかで、障がいのある方たちに訓練をして事業の仕事に合わせて働いてもらうのではなく、その方たちが仕事そのものに生きがいが感じられるような、生きがいを持ってもらえるような職場にしないと売上はあがらないということをつくづく感じるようになった。

2007年度より、カフェふれあいが当会単独事業となった。2014年度のフードサービス事業の収入は9091万3000円で、45%がお弁当、24%がケータリング等、31%が就労継続支援A型事業の助成金である。

ヨーロッパでは、事業そのものの売上が全体収入の50%以上を達成していることがソーシャルファームの基準である。当会のフードサービス事業では、その基準を達成している。

Social Firm

英国ソーシャルファームから日本を考える

多様な人たちの参画を目指して

これまで、就労継続支援A型の助成金を活用しながら、障がい者雇用を拡大してくることができた。企業とソーシャルファームの違いは、利益だけを追求しないという点だ。攻め合って事業展開するのではなく、補い合って事業を展開する。それがソーシャルファームの理念だ。

ソーシャルファームを目指す上での今後の課題は、障がいのある人たちの雇用を中心にしながら、少人数であるがすでに難病、子育て中の方、刑余者などの事業参画を試みているので、さらに関係者の協力を得ながら、さまざまな背景から働く機会を奪われている社会的に弱い立場の人たちも事業に参画していける機会を増やしていきたい。

わが国では、炭谷氏の呼びかけによって、国際セミナーやソーシャルインクルージョン関係の研究会等において、ソーシャルファームの取り組みが紹介された。それは、従来の障がい者に対する就労支援（福祉的就労か一般就労の二者択一）に風穴を開けるものであった。

長い間、障がい者の就労支援に取り組んでいるなかで、従来の就労支援は、支援者側の障がい者に対する就労に関するアセスメント（評価）が優先され、働く当事者の人生観や障がいが仕事や生活にもたらす影響、本来有している能力等を当事者が十分発揮できる機会や労働者として対等に捉える機会を十分につくってきているとはいえない現実を見聞きしてきたからである。

しかし、ソーシャルファームに取り組もうとする関係者が、まだまだ少数であることも事実である。理念や考え方は共有できるが、必要な資金や企業・事業継続の方法等を考えると踏み出せない状況である。起業して事業を生み出していかないと死活問題になるという危機感を持っている地域は、行政を含めてソーシャルファームへの関心が高いが、就労先が確保しやすい都会では関心が低いと言わざるを得ない。

また、支援関係制度がないと事業継続の見通しがつかないので、取り組む体制が整えられないと「就労・雇用支援制度、先に有りき」の考え方が優先され、事業そのものを展開するところに重点が置かれていない。

英国ソーシャルファームの視察

このような現況をどのように変革していけばよいのか模索しているときに、２０１３年7月15日（月）から21日（日）の日程で、公益財団法人日本障がい者リハビリテーション協会主催の「英国ソーシャルファームの実地調査」が企画された。

日本障がい者リハビリテーション協会理事長で、

ソーシャルファームジャパン代表の炭谷茂氏、同じく日本障がい者リハビリテーション協会理事、ソーシャルファームジャパン理事の寺島彰氏、日本障がい者リハビリテーション協会スタッフで国際セミナー企画担当の野村美佐子氏に加えて参加させていただけることになった。

現地コーディネーターを務めてくれたのは、日本大使館に在職していた時期もあり、ボランティアとして神戸の震災、東北の震災なども支援、日本障がい者リハビリテーション協会主催のソーシャルファームに関する国際セミナーにおいてもシンポジスト等で登壇しているフィーリダ・パーピス女史。ドイツのゲロルド氏は、国際セミナーにも参加し、2013年からEU全体のソーシャルエンタープライズ、ソーシャルファームの動向を研究調査、ヨーロッパと日本のソーシャルファームネットワークづくりに関心を示しており、視察の途中から参加してくれた。

イギリスにおける社会保障、地域ケアの歴史は、1942年のヘヴァリッジ報告にさかのぼる。国民に対する所得保障や医療施策が進み、地域ケアの一環としてのボランティア活動も歴史を積み重ねてきた。しかし、ヨーロッパにおける1980年代の厳しい経済状況を反映して、サッチャー政権のもと、それまでの福祉施策の見直しが図られ、弱者とされる病院や障がい者、移民等が社会的に排除されていった（ソーシャルエクスクルージョン）。しかし、経済状況に大きな好転は見られなかった。

1990年代後半からのブレア政権は、弱者が社会から排除されない仕組みづくり「ソーシャルインクルージョン」を最も重要な政策の柱とし、これまで「保護」「給与」の対象としてきた弱者を「雇用」の対象とし、社会参加機会を保障する施策に転換していった。

このような施策転換の動向のなかで、1997年、CAN（Community Action Network）が組織化された。CANはイギリスの各地域で活動する社会的起業家を支援し、ネットワーク化していく役割を担った。社会的起業家とは、諸政策の谷間にあるさまざまな地域社会の諸問題に対して企業の経験を

英国のソーシャルファーム「バイクワークス」

生かしながら、地域住民の主体的で積極的な参画を促し、行政や企業、諸団体などと連携して事業を発展させる過程で問題解決を図り、地域の活性化を遂げていく人たちである。

　社会的起業家の一人、アンドリュー・モーソンは、ロンドンのスラム・イーストエンドに「ブロムリー・バイ・ボウ健康生活センター」を誕生させた。当地域は多数の移民が貧困な生活をしており、衛生状態も悪く犯罪も多い地域だった。

　教会や荒れ果てた公園を拠点にしたコミュニティセンターづくりを目指すプロジェクトが発足したが、ボランティアで参加していた女性が地域住民の支援を受けながらも病気で亡くなってしまう事件が契機になり、行政に依存するだけでなく、コミュニティセンターを住民自らがヘルスケアを受けられる健康センターに変えていく。そして孤立している人たちの集える場、子どもたちが遊べる場、障がい者の住まいなどを提供する活動を展開し、働ける人たちの雇用の創出を実現していった。現在、その場所は、ロンドンオリンピックの開催地として知られている。

英国視察からソーシャルファームの課題と可能性を探る

　ソーシャルファームの始まりは、１９７８年に、イタリア・トリエステの精神科病院が入院ベッドを廃止した「バザーリア法」に基づき、患者たちは地域に戻され、地域で生活しながら治療を受けることになるが、多くの人たちは地域に出ても就職先がすぐには定まらない状況となり、病院の職員や地域の人たちの支援を受けながら共に仕事を創出していったことだといわれている。

　その後、ドイツ、北欧など、ヨーロッパ全土に広がる。イギリスでも、ブレア政権のソーシャルインクルージョンに基づいた施策のなかでソーシャルファームが展開していく。研修や政府との交渉も必要となり、1999年に「ソーシャルファームUK（ユナイテッド・キングダム）」が各地のソーシャルファームのネットワーク機能として設立される。

イギリス視察は、わが国のソーシャルファーム普及の可能性を探りながら、その実現に向けてソーシャルファームの原点を考えさせられるものであった。

イギリスのソーシャルファームは、これまでソーシャルファームUKが拡大に向けて独自に事業を進めてきたが、その成果は十分に評価されていない実態が見えた。今後、貧困地域において、刑余者など、これまで最も社会から排除されてきた人たちも仲間に入れて、さまざまな社会的事情で仕事に就けない人たちとともに、地域住民や有志が地域のニーズを拾い上げ、そこからビジネスを立ち上げていくソーシャルエンタープライズの一つとして位置づけられ、コミュニティ再生、雇用の創出を目指して進められていくことが予測される。

それはとても重要な課題であるが、その場合、ソーシャルファームの原点である障がい者雇用が置き去りにされないよう注視する必要がある。コミュニティの経済的活性化を優先するあまり、事業の発展ばかりが重視され、相対的に生産性が低いと見なされがちな障がい者が排除され、孤立することがないような雇用・就労支援策を講じていくためにも、ソーシャルファームの取り組みは必要なはずである。

社会的に弱い立場の人たちが個々の能力を生かし、補足し合い事業を発展させる仕組みづくりは容易なことではない。それを進展させていくためには、これまでのソーシャルファームの取り組みのなかで、対象者の生活・就労支援に従事する者と事業発展に従事する両者が必要であり、それを調整するコーディネーターが重要な役割を担う人材として必要であると感じている。

今後はコーディネーターの育成に力点を置き、ソーシャルインクルージョンの理念を浸透させていくことが事業発展にもつながっていき、先の成果を確認していくことが重要であり、ソーシャルファームの原点を揺るぎないものにしていくための方策でもあると考える。

Social Firm 目指すのは対等な立場と経営者としての視点

英国ではソーシャルファームに対する助成金はないが、刑余者が生活保護のような制度を活用したり、障がい者を雇用することに対する助成金があったりと、いくつかの助成制度があり、それらを上手に組み合わせて活用していた。

現在、日本でも社会福祉に関連したさまざまな団体や活動があり、制度化をかなり強く推し進めている。確かに施策や助成制度があるといいが、それにあまり縛られてしまって、本来、私たちは何を目指すのかという理念が損なわれたり、進めていく事業そのものがうまく進まないような助成制度であったりしてはいけない。

現場から見た場合、日々どういう人たちとなにをしていくのかを考え、ソーシャルファームとしての理念を失わないようなやり方を進めていく、日本独自の制度や仕組みづくりが必要である。そして時としていろいろな団体と、必要なときに連携をしていくということを考え、進めていく必要もある。ソーシャルファームを通して地域にどう貢献していくのかという視点が最も重要になる。

それから、私たちスタッフが経営者で、そこで働いている当事者の人たちが労働者というような構図をつくらないよう、「みんながその事業を発展させていくために何らかの役割を持っている。そこでは役割は違っても、みんな対等の関係だ」という価値観を築いていく必要がある。障がいのある方たちは自分でなかなか判断しにくく、私たちに何か判断を仰いだりすることもある。そういうときに私たち支援者が経営者のような気持ちになってしまうと、ソーシャルファームとしてはうまく発展していかないだろう。

一方、事業所での活動はビジネスの視点が必要になってくるため、経営者である必要がある。売れなければ、ビジネスは成り立たない。ビジネスを成り立たせるためには、民間企業同様に、マーケティングやデザインが必要になる。

取り組みの手法としては経営者としての視点が必要になるが、働いているスタッフに対しては経営者と労働者という上下の関係ではなく、対等な立場であること。一見すると矛盾することのように見えるが、ソーシャルファームが目指しているのはそこである。

第３章

「お金」だけのつながりから「信頼」でつながるビジネスへ

～社会福祉法人 共生シンフォニー～

社会福祉法人共生シンフォニー 常務理事　中崎 ひとみ

シンフォニー（交響楽）は、いろいろな楽器で一つの音楽が完成する。どの楽器が抜けても、一人だけが大きくても、よい曲にはならない。「共生シンフォニー」という名前には、そんな思いが込められている。

「共生シンフォニー」が生まれた滋賀県は、自然災害も少なく、気候的にも恵まれた住みやすい土地である。京阪神への通勤圏内であり、近隣都市のベッドタウンとして人口の流入も続いている。経済の基幹となる高速道路や新幹線なども整備されており、西日本有数の工業県でもある。「近江商人」発祥の地でもあり、日本の大手企業や商社の創業者は滋賀県出身が多い。

そんな滋賀県には 1940 年代頃より、先達が障害者福祉から先駆的な取り組みを多く行い、制度や歴史的に大きな軌跡を残すという風土もあった。それはいまでも引き継がれ、障害者の生活や支援、働きに至るまでの福祉資源として充実した制度や団体をつくり、有機的なネットワークを形成している。

Social Firm

始まりは「今日も一日がんばった本舗」

障害のある人もない人も共に働く場

「社会福祉法人 共生シンフォニー」は、障害者総合支援法障害福祉サービス[1]として、①がんばカンパニー（就労継続支援事業A型）、②まちかどプロジェクト（生活介護事業、就労継続支援事業B型）、③あんふぁんカフェ（就労継続支援事業A型）、④くれおカレッジ（通所型自立訓練、就労移行支援）、⑤りぼーんスイッチ（通信型自立訓練）、⑥夢創舎（ゆめつくりや）（就労継続支援B型…他法人が単独で運営していた作業所を制度改正時に運営を応援するため合併）、⑦介護保険事業ぬくとば（老人デイサービスセンター）を運営している。

２０１６年度より、新規事業として就労困難者や引きこもりの若者のための「就労準備訓練」事業を行う。これは、障害者だけではなく、地域のニーズに応え共生社会の実現のための実践を行おうとしたため、事業が広がったのである。

障害者が働くための事業内容として、「がんばカンパニー」がクッキーの製造販売を、「あんふぁんカフェ」が食育カフェと法人内施設の給食の調理運営を行っている。また、社会への貢献・啓発活動として、「まちかどプロジェクト」が障害者自ら行う講師派遣・演劇活動・芸術活動などを行っている。高校（養護学校）卒業後の知的障害者を対象に訓練の場として、「くれおカレッジ」が大学と同じ4年制の学びの場所として、２０１６年度からは新事業で大人の再チャレンジのための練習の場所「りぼーんスイッチ」を運営する。

共生シンフォニーは、法人全体で１３７人を雇用。そのうち障害者（障害者手帳を持っている者）は65人、その他手帳を持たないスタッフは74人。65人の障害者のなかでは、障害福祉サービス対象の利用者としてではなく、一般のスタッフとしても数人雇用している。また、一般のスタッフのなかには、生活保護者・母子家庭・高齢者・若年長期無就業

共生シンフォニーの各事業体のロゴマーク

者、鬱などの疾患者（手帳を持たない者）・難病者など、就労困難な人たちも34人雇用している（2015年11月現在）。特に障害者としての採用時には、家族的な支援がない人や触法者を優先して、生活の転落を防ぐことを重要支援と見ている。

高齢者や生活保護者、母子家庭等は、地元を優先的に採用し、地元自治会からの応援も得て、地域に根ざした法人を目指している。

障害者の労働権の獲得

創設時から、「障害者の働くことは経済的な自立をすること」と理念にかかげてきた共生シンフォニーは、1995年には障害者とも「雇用契約」を締結した。当時は企業の障害者雇用も少なく、障害者の労働者としての権利や保護が法的になされることを望んだからである。

そして、労働者として権利を有したあとは、労働者性を重視し、職員（スタッフ）と垣根なく、「共働」と「共生」を目指す実践を積み重ねた。その精神は、社会福祉法人化後も確実に継承している。

就業規則は一本化し、職員や利用者の区別はしていない。月給制と時給制はあり、障害者は時給制であるが、それはヘルパーや通院など、生活になにかと時間の制約がかかるため、働きやすい時給制にした。実際、障害者だけではなく子どもを抱える職員や体力に自信がない高齢者等も同じ制約があるため、時給制を選んでいる。

もちろん、働く人たちは全員が最低賃金以上で（最低賃金減額なし）あるし、職務内容や働き方によっては、各種手当が支給され、社会保険や退職金制度に加入する。それにより、共生シンフォニーで働く障害者の家族が扶養者となったり、一家の経済的な大黒柱となったり、障害者のカップルが誕生して結婚し独立したり、一人でアパート暮らしをしたりと、障害があっても自立していく人が多い。

特に、「がんばカンパニー」や「あんふぁんカフェ」で働くA型の障害者利用者は、約6万円から24万円の賃金が支払われ、全国の障害者施設（就労継続支援事業）の平均2万1175円（平成24年度就労継続支援事業平均工賃　厚生労働省調査）を大きく上回っている。

障害のある人もない人も 共に地域で当たり前に暮らす

始まりは、四畳半の木造賃貸アパートの小さな一室から。1986年、昭和のまっただなかに、重度脳性小児麻痺の身体障害者5人と支援者2人で、無認可作業所「今日も一日がんばった本舗共働作業所」はつくられた。

創立者の中心メンバーの一人、門脇謙治氏（故人）は、自らも脳性麻痺の重度障害者だった。養護学校を卒業後、同じような共働を理念とした印刷の作業所で働いていたが、屋内での仕事に飽き、疑問

〈法人概要〉
組織名：社会福祉法人共生シンフォニー
理事長：明智大二郎（4代目）
本部所在地：滋賀県大津市大将軍2－31－5
電話：077－543－2766
URL：http://gambatta.net/
設立年：1986年・「今日も一日がんばった本舗共働作業所」創立、1995年・個人事業として申告、全員雇用開始、2003年・社会福祉法人格取得
法人の理念・モットー：「共生・共働・共育」
法人実施事業：■障害福祉サービス　●就労継続支援A型・がんばカンパニー・あんふぁんカフェ●生活介護・まちかどプロジェクト、●カレッジ型（自立訓練＋就労移行）・くれおカレッジ、●自立訓練・りぼーんスイッチ、●多機能型（生活介護＋B型）・夢創舎、■介護保険サービス　●地域密着型通所介護・日吉台デイサービスセンターぬくとば

無認可作業所「今日も一日がんばった本舗共働作業所」の様子

を感じはじめた。「障害がある人の仕事は、なぜ内職とか屋内とか裏方の仕事しかないのか」。そこで、彼は「障害があるからこそ人と出会う仕事を」と、当時の作業所職員とともに粉石けんを仕入れ、オート三輪バイクに乗り込み販売に出かけた。

門脇の挑戦や思いに賛同した仲間の障害者や支援者の応援を受け、販売を中心にする作業所「今日も一日がんばった本舗」が誕生した。名前の由来は、創業者の一人が生活ホーム（現在のグループホーム）[2]で、支援していた知的障害の男性が「今日も一日がんばった」と毎日、日記に書いていたことから取った。その知的障害の男性は、創設時のメンバーとなり、彼の似顔絵が「今日も一日がんばった本舗」のロゴマークとなった。

もともと門脇をはじめ、重度の身体障害のメンバーは、地域での自立生活を希望していた。当時、ほとんどの障害者は、親の世話になるか、施設に入所するかの二つの選択肢しかなかった。そのどちらも拒否し、親元から自立、地域で一人で暮らすという障害者運動が、１９８０年代に滋賀県だけでなく全国で盛んになりはじめていた。当時の構成メンバーは、障害当事者運動[3]に影響を受け、人としての当たり前の権利要求に目覚めていった。

しかし、どこの団体も課題となっていたのが経済的自立であった。ようするに、障害者年金[4]だけではなく、自分たちで生活できるだけの事業売上を稼ぐことである。この時代は、昭和後期で景気もよく、関西を中心にいくつかの作業所は生活できる売上の達成を行っていた。

「商いでノーマライゼーション」

「今日も一日がんばった本舗」のキャッチフレーズは「商いでノーマライゼーション」(ノーマライゼーションとは、障害者や高齢者とともに誰もが不自由なく暮らせる社会のこと)。「障害があるからこそ外に出よう」と販売事業(商い)を立ち上げた。

創設時のメンバーは重度の身体障害者(脳性麻痺者)が中心で、上肢や下肢に障害があり、細かな手作業や内職などの仕事は苦手であった。そこで、販売事業をメインの事業に置き、当時の滋賀県の琵琶湖富栄養化防止条例による「粉石けん[5]」販売やお茶、陶器(他の作業所)の仕入れ販売としたのだった。しかし、素人集団の事業がうまく行くはずもなく、売上は年間300万円程度。障害のあるなしにかかわらず平等に分配を行っていたため、給与は全員3万円。健常者は早朝と晩にアルバイト、障害者は障害者年金で生計を立てていた。

やがて、年数がたち、品目を珈琲や菓子と少しずつ増やし、支援者の協力のもと、1990年に木造アパートから自己所有のプレハブを建てて移転。行政や学校への訪問販売やバザーを中心に、1000万円ほどの売上が確保できるようになったが、営業収益の割には分配する人数が多く、低賃金は変わらなかった。

また、当事者(障害者)主体の運営としていたため、障害者が経営判断や商取引、日常の販売業務や在庫管理など主要なことを行っていたが、なにぶん養護学校を出て間もないメンバーは経験がなく、在庫管理はもちろん、売掛買掛金の回収や支払いも滞り、信用も積み上がらない、信用に結びつくという概念すら持っていない。健常者に関しては、事業の日常業務に加えて、トイレ介助、食事介助、送迎という何重もの仕事をこなさなければならず、低賃金と過重労働で定着しなかった。一緒に創設した健常者はとっくに去っており、パートの健常者を職員とし、介護をつなぎながら細々と運営を行っていた。

当時はヘルパー制度がなく、一人暮らしをしている重度障害者は自分でボランティアを集め、入浴や食事などの介護者を確保していた。それはとても大変で、常時ボランティア探しで大学や駅でチラシをまき続けるなど苦労をしていた。日常の生活をするためには、一日も介護を欠かせられない。当然、ボランティアが不足することも多く、そんなときは職員が仕事終了後に介護に出かけていった。

商売の転機、そして共働へ

筆者はこの頃に「今日も一日がんばった本舗」に入職する。前述の状態のなかでは深く関わる気はなく、ボランティアの気分であった。しかし、働き続けるうちに、メンバーと共働の仲間意識が芽生えはじめ、一緒に改革への道を進む。

商品の見直し、売掛買掛金の回収や支払いとウェブサイトの見直し、賃貸やリースの期限内の支払い、現金管理の徹底、訪問販売のルート化など、事業に関わることの改革。普通の企業であれば当たり前にしている状態へと直し、さらに障害者が働くための工夫を加えた。

事業が整理され効率化されれば、ビジネスチャンスも逃さず、売上も上がる。売上が上がると空気が変わり、さらなる売上を呼び込む。

その頃、新たに共同連[6]という全国組織の滋賀大会事務局を引き受けたのをきっかけに、「障害者だけが当事者」から「障害のあるなしにかかわらず同じ目的を持つ仲間すべてが当事者」との認識に変わった。このことは、それまで思想的にも定着しなかった健常者の職員の定着に大きく寄与した。

翌年以降、1・5人しかいなかった健常者を5人に増やし、障害者メンバーも新たに受け入れた。売上は3600万円を超え、障害者を含め全員と雇用契約を締結した。「障害者の労働権の獲得」の理念を実現したのである。そして、1996年には作業所を建て替えて、身体障害者中心であった事業に加えて知的障害者のためのクッキーの製造工場を建設するに至る。

「共生・共働・共育」の分立

その後は、3800万円の売上を果たしたが、続きはせず、しばらく苦難の時代に入る。全員最低賃金以上の給料支払いにこだわってきたが、メンバーの人数は増え、製菓業への市場参入もままならず売上は低下し、運転資金を売上より多く銀行から借り入れる経営的危機を幾度も迎える。

また、能力主義的な労働市場や資本主義体制のなかでの闘いは「理想と現実」に大きな矛盾をはらんでおり、資金難と相まって、精神的にも金銭的にも苦しんだ。そんななか、皆で話し合い、「共生・共働・共育」の優先課題を目的別に整理し、それぞれの果たすべき役割ごとに作業所を分立していった。

日常の業務で大きく時間を割いていた「障害者（当事者）運動」。街のバリアフリー化やヘルパーの制度化、交通のバリアフリー化、親元を出るための住居の確保等、「街で生きるための運動」は限りなくあった。もちろん、その部分は「お金」にはならない。しかし、障害者が生活するためには、必要で重要なことである。この大事な役割は「まちかどプロジェクト」を立ち上げ、主に運動を中心に活動していた門脇たち、重度身体障害者グループが担うことになった。

そして、長年の「商いでノーマライゼーション」の取り組みは、「がんばカンパニー」が受け継ぎ、「運動」が苦手な知的障害や精神障害の人たちを中心に製菓工場として発展させることとなった。

Social Firm

お金でつながるビジネスから信頼できるビジネスへ

クッキー工房の始まり

いまでこそ「障害者の施設といえばクッキー」といわれるようになったが、クッキー工房を始めた当時は、まだ全国的には少なかった。むしろ中心となっていたのは印刷やパンであった。

そのなかでクッキーを選んだのは、一人の知的障害の女の子の存在があった。お母さんと一緒に家でクッキーをつくる女の子に、外の仕事場をつくりたかったことがきっかけである。

前述のように、仕入れ販売を事業としており、お菓子は取り扱い商品であったため、仕入れの商品を自社製造することには抵抗がなかった。むしろ、知的障害・精神障害を持つ者や、女性職員の仕事として、新しい業種をつくりだし、働く人を増やすことにつながった。

そして、なにより仕入れ商品の見直し時に「人に優しい、自然に優しい商品」を取り扱いコンセプトにした際、当時の自然食品のなかで人に優しくておいしいものは少ないことを知り、自分たちが納得できる商品をつくりたいと思ったのである。

「普通においしい」お菓子は、大企業や有名パティシエがつくっている。勝負しても勝てない。では自分たちでしかできないものにしよう！　これが、がんばクッキーのコンセプトとなり、「忙しいお母さんの代わりにつくりました」と、当時の女性職員の世代と同じ「働くお母さん」をターゲットに商品ができあがっていった。

材料へのこだわりは「三方よし」の実現

がんばカンパニーのお菓子への材料のこだわりは、研究を重ねて年々増やしていった。毎年のように変わる食品の基準や農作物の基準、国民の食への関心は、すべてがんばクッキーの後追いであった。

「国産、無農薬、無添加（無合成着色料・無合成香料・無保存料・無酸化防止剤・無乳化剤）」とこだわってきたが、工房を始めた当初は「無添加など……」と周囲から笑いものにされていた。「そんなものにこだわっていたらなにも食べられない」「政府が許可した添加物が体に悪いわけがない」と。しかし、時代は中国野菜の残留農薬問題をはじめ、食品偽装や異物混入、政治的な食品添加物の認可が暴かれ、食に対する安全神話や関心度合いが、10年ですっかり変わった。また、「食育」という言葉も出

がんばカンパニーのクッキー

はじめて、子どもたちへの食の教育の必要性も当たり前となった。

これらは、がんばカンパニーには追い風となった。当初からの材料へのこだわり、「国産、無農薬、無添加」、「顔の見える生産者や二次加工者」、「お母さんに代わる子どもたちへの食の教育」のコンセプトが時流と一致してきたのである。時代が追いついたと感じた。

時流に乗ったコンセプトは、売上を徐々に上げていった。そして、有名ホテルの施設や自然食品店、百貨店などからプライベートブランドの注文を受けるようになっていった。

また、材料へのこだわりの一つに「フェアトレード[7]」がある。これもクッキー工房設立時からのこだわりである。日本では収穫できない珈琲豆やナッツ、バナナ、チョコレートはフェアトレードを使う。現在では、取り扱い業者や種類も多くなったが、当時は一生懸命フェアトレードの非営利団体を探したり、フィリピンに行ったときに砂糖を仕入れていた。このこだわりは、「自分たちだけがよければいいのではない。世界の同じ思いをしている人たちに寄付ではなく仕事として協力したい」という思いからである。

材料へのこだわりは、材料費を高騰させ、つくり方を難しくする。白砂糖でつくるクッキーはさっくり仕上がるが、フェアトレードの黒糖は重たく、おいしくない。普通の企業の3倍近い材料費と時間と手間をかけて「がんばクッキー」はつくられる。

しかし、それを改善しようとは思っていない。「近江商人の『三方よし』」だからである。「売り手よし、作り手よし、買い手よし」。つまり、「売り手の都合だけで商いをするのではなく、買い手が心の底から満足し、さらに商いを通じて地域社会の発展や福利の増進に貢献しなければならない」からだ(8)。「汗を流さない流通の利益よりも、満足できるものをつくり、お客さんに喜んでもらうこと」が、法人の理念と一致した。

生産体制のインフラ整備と製造体制

クッキー工房を始めた頃は、1日当たり3kgの生産量。技術も稚拙で、売上も手売りのルート販売中心の3600万円程度でしかなかった。やがて、障害者の入社希望者が増え出し、工房が狭くなったのを機に2004年に小規模通所授産施設(9)の国庫補助金で工場整備を行った。それにより、障害者の雇用数も30人まで増やし、健常者の就労困難者（主に母子家庭と生活保護者）も新たに雇用、生産性も上がり、1日当たり100倍の300kgとなった。

生産量が上がったのを機に、新規企業より受注が入るようになった。ただし、がんばのコンセプトとは違う「一般商品（材料にこだわらないコスト主義）」の受注である。これを機に、売上が1億円を超えた。

いままでと違う生産のやり方に当初は戸惑った。パティシエからレシピを買い、製造し、会ったこともないパティシエの名前で販売する。一般の製菓会社では当たり前のことらしいが、違和感を覚えたのである。しかし、売上にはあらがえない魅力があった。

2010年、制度改正に伴い、再び新しい工場を国庫補助の基準に合わせて建設する。現在のがんばカンパニーである。何億円もかけた施設は、生産量が設立時と比べて300倍以上、1日当たり1000kgの生産量となり、障害者従業員は50人、健常者は就労困難者を入れて20人、合計70人のお菓子工場となった。

生産量が増えたことで、新たに企業からのOEM(original equipment manufacturer：委託者のブランドで製品を生産する)も入りはじめる。企業からは、レシピの提供もデザインの提供もなく、正確にはODM(original design manufacturer：委託者のブランドで製品を設計、製造する)であり、がんばカンパニーでレシピを開発して新しい商品の提案を行う。企業から提示されるのは、仕入れ価格と売るためのキャッチフレーズのみ。それに合わせて商品をつくらなければならない。企業の都合に合わせた発注が入り、時には加重な労働にも耐えた。

失敗から学んだ信頼のビジネス

売上が2億を超えだした頃、事件が起こる。出荷した「焼きドーナツ」のカビ事件である。ちょうど急に暑くなりはじめた4月のことで、販売先の保存方法が原因であった。

企業の要望で、かなり短期の商品開発と納期、無理やり材料に使ったマンナン(こんにゃく)の「ダイエット用の焼きドーナツ」にカビが発生し、全品回収の上、廃棄になった。廃棄にかかる費用だけではなく、材料費や人件費、売上保障も含めると1000万円程度の負担となった。製造者のコンプライアンス(要求などに従うこと)としては当たり前のことであるが、短期間の商品開発などお金による脅しで受けた商品だったので、つくってきた人たちの打撃は精神的にも大きかった。「納品しないなら取引はやめるぞ」というような脅しを毎日のように受け、利益が薄い商品が何倍もする金額でネット販売されていた上での事件だったからだ。

そのときに目が覚める。「違うことをしている」と。それから、取引の方針を徐々に変えはじめた。自分たちがつくりたいもの、買いたいものをつくることに。小さな工房をつくった初心に返った。

いまは売上が7000万円ぐらい落ち、1億3000万円になったが取引会社は数社から120社に増えた。小口の注文であるが、少しずつ売上も戻って来た。

7000万円落ちて、いくらになったのですか?

いまでも、あのときはお金に負けたと思っている。売上に目がくらみ、売上が上がれば社員の給与も増え、たくさんの人を雇えると思った。実際にそうなったし、矛盾はまだ持ち続けているが、「三方よし」の商売でなければ、いつか顧客を失うことも実感した。

正直に誠意を持ってつくること。それは、私たちの生き方にも通じることであり、働く人たちにもきっと伝わる。「お金」でつながるビジネスから「信頼」でつながるビジネスへ。初心に返ったいまは、長年応援して買い続けてくれる「お客さん」の顔が見えている。

Social Firm

社会的事業所(ソーシャルファーム)の実現に向けて

滋賀県と国の制度の利用

滋賀県では1980年代頃より、障害当事者や有志によって、障害者も労働者として働くことを目的とする場所がつくられてきた。数は少ないながらも、補助金でもって運営するのではなく、積極的な事業を展開し、文字どおり障害者にも労働者として賃金を支払う事業所である。がんばカンパニーを含め、そんな事業所の実績を評価した滋賀県は、滋賀県単独の「障害者共同作業所事業所型」という制度をつくった。もちろん、がんばカンパニーもこの制度を利用し、障害者雇用人数を増やしていった。

さらに2002年には、同じく県単独の「小規模通所授産施設　事業所型」の制度が創設される。当時の規制緩和、「小規模社会福祉法人」の法人格新設により、新たな国の障害者制度ができたためである。その制度で初めて、社会福祉法人格を持ちながらも「障害者の働く人たちの労働権」が担保された。それまで、社会福祉法人による福祉サービスを利用する障害者は労働者ではなく、「措置の対象」であった。これは「今日も一日がんばった本舗」の障害者も同じ労働者であるという理念に合わなかったため法人格を取得しなかった。

しかし、新制度が施行されたことで2003年に

養護学校卒業生が社会に出る準備を行う「くれおカレッジ」

社会福祉法人の法人格を取得し「社会福祉法人共生シンフォニー」を設立、翌年、法人格取得により得られた公的資金や各種助成金を駆使して、機械整備や工場新設を行う。

その後の制度改革により小規模社会福祉法人はなくなり、一般の社会福祉法人となる。また、小規模通所授産施設も障害者自立支援法の制度に吸収された。しかし、この小規模通所授産施設事業所型は障害者自立支援法内の障害福祉サービスにある「就労継続支援A型」の原型となり、2008年「就労継続支援A型」に移行し、新築移転を行った。

個人事業主から社会福祉法人へ

「今日も一日がんばった本舗」時代は、筆者が個人事業主として申告や雇用主となっていた。法人格を持たないことは、社会的にも信用が薄く、取引先や銀行、働く人の福利厚生まで不利益で不安定な状態であった。社会福祉法人にしたことは、その時代で有利であったという理由が大きい。しかし、本来は株式会社とし社会に出資してもらい、社会に「お金ではない貢献」という方法で配当する仕組みを取りたかった。日本ではまだそのような制度ができておらず、社会福祉法人を選んだわけである。

２００３年に法人格を取ったあと、社会福祉法人という性格上、理事長は何人も替わったが、社会的な信用を得られ、働く人たちは保険や退職金など、さまざまな福利厚生を享受できるようになった。

また、銀行から設備資金の借入もできるようになり、地域のニーズに従い、新たな施設をつくったりと事業が広がった。

公共の利益のために働くという選択肢

前述の「共生・共働・共育」の分立において「まちかどプロジェクト」の誕生の経緯を記した。

がんばカンパニーの製造業は労働集約型であり、生産労働系の代表である。しかし、「働く」という言葉を考えたとき、「稼ぐ」と「仕事」があることに気がついた。「仕事」は社会に必要なこと、「公共の利益のために働く」ということである。内山節氏の『里という思想』に出会い、みんなで議論を行った[10]。「まちかどプロジェクト」の活動は、もともとお金には代えられないことであったのである。このように生産労働に向かない重度身体障害者の、「働く」を意味づけ、誇りを持った仕事として活動を開始した。重度障害者だけができること、共生シンフォニーの重要な柱の一つである。

また、長年養護学校の新卒を受け入れてきたがんばカンパニーは、知的障害があり健常者よりも成長や学習に時間がかかるのに、卒業後すぐに社会へ、労働の場へ押し出されるという矛盾を感じ、子どもたちや親の不安や心配を目の当たりにしてきた。そして誕生したのが「くれおカレッジ」である。

大学に代わる場として、養護学校卒業生の「モラトリアム」の時間を保証しようという場である[11]。もちろん、企業で働くため、ＳＳＴや訓練などいろいろなカリキュラムを設けているが、なにより4年という期間にこだわった。

障害者の就労には、二つの大きな課題がある。まず就労そのものが高いハードルである。そして就職しても3年以内の離職率が高いことである。それは、大人として成長しきれていないこと、仲間がいないこと（つくれないこと）、ようするに就職するための準備が不十分と考えている。

くれおカレッジは、この二つの大きな課題に挑戦する、新しい学びの場でもある。ちなみに「くれお」とはラテン語で「創造」という意味である。

ソーシャルファームという新しい働き方

がんばカンパニーは、障害者総合支援法の障害福祉サービスを利用した就労継続支援A型だが、「ソーシャルファーム」としての内実も兼ねている。ソーシャルファームとは、障害者あるいは労働市場で不利な立場にある人々のために仕事を生み出し、また、支援つきの雇用の機会を提供することに重きを置いたビジネスである。ソーシャルファームという制度や法人格があるわけではない。

ソーシャルファームという言葉に出会ったのは、2002年頃。現在ソーシャルファームジャパン理事長を務める炭谷茂氏さんの講演を聴いて、初めて自分たちのやっていることに一致できるものに出会えたと思った。

ソーシャルファームとして看板を出しているわけではないが、職員と指定される健常者（障害者手帳を持たない人）のなかには、母子家庭をはじめ、生活保護受給者、触法者、若年長期失業者、高齢者など、労働市場から排除された人たちがいく人も含まれている。もちろん、障害者のなかにも障害だけではなく上記のようなハンディキャップを重複する人たちが多い。

これは、そんな仕組みがあることも知らない1996年頃、共働を意識しはじめた時代から率先してきた。がんばカンパニーの共に働く仕組みが、さまざまな人たちにとって働きやすかったからなのか、自然につくりだされたいまの働き合いは「ソーシャルファーム」をかたどっている。

現在の日本の労働情勢は障害者だけに限らず、すべての人たちに厳しい。いま、障害者の雇用だけ論じても、国民のコンセンサスは得られない。しかし、障害者福祉が一歩先んじて就労困難者の対策に取り組んできたことも事実だ。これからは、福祉の枠を超え包摂されたソーシャルファームが新しい働き方となり、これからの未来を切り開いていく方法だと実感している。

そして、いつかすべての人が、普通の企業でソーシャルファームのようにさまざまな形で働けることができれば、共生シンフォニーもソーシャルファームの役割も終わるだろう。

そんな日が来ることを心待ちにして、活動を広げ、同じ思いの人たちを増やすため、子どもたちに伝えていこうと思っている。

〈注釈〉

（1）「障害者総合支援法　障害福祉サービス」
障害者の日常生活及び社会生活を総合的に支援するための法律（障害者総合支援法）（障害者の範囲に発達障害や難病等が追加）。介護給付、訓練等給付に分けられ体系づけられている。生活介護は介護給付に、就労継続支援A型（雇用型）・B型、就労移行支援、自立訓練は、訓練等給付に分類される。

（2）「生活ホーム」「グループホーム」
「生活ホーム」はグループホームができる前の滋賀県の独自制度、昭和56年に補助制度制定、現在はグループホームに一元化。「グループホーム」は、障害福祉サービスの一つ。障害者の共同生活を営む住居。家庭に代わり、入浴・排せつ・食事の介護、その他の日常生活上の援助を行う。

（3）「障害当事者運動」
1970年代に障害当事者主体による運動が全国各地で起こった。ここでは、「全障連」「青い芝の会」「障害者自立支援センター」のことを指す。

（4）「障害者年金」
病気やけが等により生活や仕事などが制限される場合に、生活を保障するために支給される年金。障害厚生年金と障害基礎年金からなり、障害の状態（等級）により額面が異なる。障害基礎年金では1級で97万5100円／年（約8万1300円／月）、2級で78万100円／年（約6万5000円／月）。

（5）「琵琶湖富栄養化防止条例」
1979年に滋賀県の条例として制定。合成洗剤に含まれるリンが琵琶湖に流れ込むことで富栄養化、赤潮が発生したことによる。条例で工場からの窒素・リンの排出規制を設け、リンを含む合成洗剤の使用・販売を禁じた。環境に対する意識の高まりとともに、環境に優しい粉せっけんの販売が広がった。

（6）「共同連」
「障害者と健常者が共働で働き、障害者の労働権の確立を目指す」として、政府への共同の要求を掲げ1984年に「差別とたたかう共同体全国連合会」（現：共同連）が結成された。以後、各場の発展につれ、事業体としての社会的・経済的自立を目指すことを掲げることになり「共働事業所」を提唱、そして現在では障害者だけではなく就労困難者全体を含めた労働統合型の「社会的事業所」づくりを進めている。

（7）「フェアトレード」

チョコレートやコーヒーの原材料であるカカオ豆やコーヒー豆の大半は、発展途上国で生産されている。その取引価格は、遠く離れたニューヨークやロンドンの国際市場価格によって決定される。販売ルートを持たない小さな生産者は中間業者に依存をすることになり、搾取され、生産のみならず生活もできないほどの利益しか得られない生産者が多い。開発途上国の原料や製品を適正な価格で継続的に購入することにより、立場の弱い開発途上国の生産者や労働者の生活改善と自立を目指す「貿易のしくみ」をいう。

（8）「三方よし」

近江商人の心得の一つ。「売り手良し」「買い手良し」「世間良し」の三つの「良し」。売り手と買い手がともに満足し、また社会貢献もできるのがよい商売であるということ。

（9）「小規模通所授産施設」

２０００年の社会福祉基礎構造改革、社会福祉法及び各障害福祉法改正により２００１年に制度化。それまで20人とされていた定員要件を10名とする、資産要件を１０００万円に下げるなどの認可要件が緩和されたことにより、一部ではあるが社会福祉法に基づく法内施設への道が開けることとなった。今日も一日がんばった本舗では、この制度以前、法内施設となることは障害者が措置利用者となるために、事業所型小規模通所授産施設が創設されるまで、あえて選ばなかった経緯を述べておく。

（10）『里という思想』内山節著（新潮社）。他に『貨幣の思想史』『自然と労働』など。

（11）「SST」

ソーシャルスキルトレーニングの略。社会生活技能訓練と訳される。主に精神科領域で実施されてきたが、福祉、司法、教育、企業などの多くの分野や領域で、生活のしづらさや対人コミュニケーションがうまくいかない人々に対して、行動を模倣し適切な行動を身につけるモデリングや、生活場面を想定して参加者が役割を演じ、実際に起こったときの対応を学ぶロールプレイングなど、自己対処能力を高め、自立生活を支援するための一技法として実施されている。

第４章

生活困窮者支援を通じた住みよい地域づくり

社会福祉法人一麦会　理事 柏木克之

社会福祉法人一麦会、通称「麦の郷」。「麦」には「何度ふみつけられても立ち上がる」という思いが込められている。

「ほっとけやん」が麦の郷のキーワードだ。「ほっとけやん」という言葉は、和歌山弁で「放っておくことはできない、知らん振りはできない」という言葉。障がいの種別を問わず、地域で「困りごと」を抱えて暮らしている人たちの相談を受けたら、みんな受けてしまう。「まずニーズがあって、制度があるとかないとかより、目の前にある解決せないかん課題に応えよう、本当に地域に必要なことを行ったら、必ず道は開かれる」と、麦の郷の歴史が証明している。

Social Firm

麦の郷の理念と活動の背景

「ほっとけやん」を合い言葉に

麦の郷《さと》は、社会福祉法人一麦会《いちばくかい》（田中秀樹理事長）が運営する、和歌山市や隣接する紀の川市に点在する30を超える障がい児童、不登校、高齢者のための総合リハビリテーション施設である。障がいのある人たちの就労機会の提供、あるいは生活支援を行うことによって、地域における自立した生活の実現を目的に、「生活保障」「発達保障」「労働保障」の3本の柱で幅広い事業展開を行っている。

社会福祉法人一麦会　本部

麦の郷は、障がいを抱えて困っている人と一緒に悩み、何が必要かを考える。これが原点である。

1977年に作業所を開設して以来、「ほっとけやん（放っておけない）」を合い言葉に、福祉制度の谷間に陥った人なども含め、社会での生きづらさを抱える人たちを包括的に受け止め、支援してきた。現在では、行政との連携も進み、ひきこもり支援等において和歌山県や紀の川市の委託事業も実施している。

麦の郷の始まりは、1977年3月に開設した無認可共同作業所「たつのこ共同作業所」だ。そこには、知的障がい、精神障がい、身体障がいなど障がいの種別を超えた利用者が通ってきた。

当時は、重度障がい者が働くという考え方や制度はなく、福祉的な保護の対象とされた福祉施設への入所か在宅という選択肢しかなかった。また、障がいのある人たちの就労については、身体障がいの中途障がい者職場復帰運動が主なものだった。

1979年に養護学校での教育が義務教育にな

り、それまで就学猶予・免除で在宅に置かれていた障がい児が激減し、学校教育を受けることができるようになった。しかし、学校を卒業しても行き場がなく、ふたたび在宅の生活に戻るしかない状況だった。「自分の教え子、わが子に卒業後の進路を」という、障がい児学校教員と家族の切実な願いから「たつのこ作業所」が生まれた。主な作業は、洗濯バサミの組み立て、弁当パック・割り箸の袋詰め、自主製品の革細工であった。仲間は、ろう学校、障がい児学級、養護学校卒業生、未就学者で、障がい種別も知的、身体（ろう重複、肢体障がい）、精神障がい者などさまざまであった。

地域に追い出された二人の姉弟

「たつのこ作業所」が開設して無認可のままの運営が続くなかで、新たに精神障がいをもつ二人の姉弟（当時17歳と16歳）と出会った。祖父母が亡くなり、家庭がまたたく間に崩壊し、二人は統合失調症という病名をつけられたまま地域から追われた。そしてたどり着いたのが、たつのこ共同作業所だった。

当時は、精神障がい者の福祉制度は、なにもなかった。地域での居場所を失った二人に対する精神保健行政の対応は、暮らしの場として精神科病院への入院の選択しかなかった。これは、すなわち終生にわたる収容を意味した。病院の窓には鉄格子が張り巡らされ、外界からは完全に遮断された隔離病棟だ。法人設立者の一人でもある伊藤静美・一麦会理事は、長期の措置入院患者として人権の剥奪かとも思う対応に、ただただ驚かされたと同時に、大きな疑問を抱いたという。

知的障がい者、身体障がい者に加えて、精神障がい者など障がい種別を越えて受け入れ、補助金の少ないなかで共同作業所を市民の力により8年間、無認可で運営した。運営資金は、補助金、古紙回収などの廃品回収によって得たお金で運営していた。職員は給料も少なく、アルバイトを掛け持ちしながらのボランティアに近いものだった。そういう市民が集まり、築き上げてきたのが麦の郷の原点だ。いまでも多くの市民の方々に関わっていただいている。

1984年当時、和歌山県の精神障がい者の平均在院日数は935・3日で、全国平均529・8日の約1・7倍と、最悪の状況だった。つまり、一度入院したら、平均3年間、下手をしたら一生病院に閉じ込められる人もおり、病院を出るのは「棺桶退院」とさえ呼ばれていた。さらに、患者本人に対して行政が自傷他害の恐れありと判断し、強制的に入院させる措置入院率は、全国平均が11・2%なのに対して、和歌山県は33・0%だった。

　古くは、前世紀のはじめに制定された精神障がい者に関するわが国最初の法律である精神病者監護法(1900—1919年)で、精神病者の私宅監置(座敷牢などに閉じ込めること)を、警察の許可制にして取り締まること、監護義務者の制度を設け、監置の責任を障がい者家族が負った。座敷や鶏小屋、押し入れを改造して自宅で監禁するということが行われ、この悪法のもとで合法化された座敷牢は全国に広がった。精神病院(癲狂院《てんきょういん》と呼ばれた)も同様で、逃げ出さないための措置として、入院患者を鉄鎖で拘束することが義務づけられた。

解体されたかつて県内のある精神科病棟の鉄格子

〈法人概要〉
組織名:社会福祉法人一麦会
理事長:田中秀樹
所在地:和歌山県岩橋643
電話:073-474-2466
URL:http://muginosato.jp/
設立年:1977年「たつのこ共同作業所」発足(無認可)
年間事業規模:就労支援事業平成26年度売上約3億円(法人税・事業税、該当なし)
職員数:法人全体　職員数214名(常勤125名、非常勤89名)、うちソーシャルファームの人員267名(職員55名、非常勤17名、障害者等195名)
ソーシャルファーム事業にかかる主な経費:約2億9000万円・自主財源

麦の郷の施設の地下には、かつて県内のある精神科病院で使用されていた鉄格子の残骸が保存されている。ここで働く人々が、自らの力で鉄格子から抜け出し、社会的自立へと向かう強い気持ちと、このような時代に二度と戻してはならないという法人としての決意を表している。

Social Firm

精神障がい者の社会復帰、そして経済的自立へ

日本ではじめての精神障がい者の福祉工場の誕生

1989年、遅れている精神障がい者問題をそのままにして、他の障がい者問題の解決に向けて前進するはずがないと、麦の郷の運動で生まれた家族会と当事者クラブとともに県庁を出発したキャンペーン隊は、県内9か所で映画と講演のつどいを開催し、宣伝カーを先頭に和歌山県全域で7日間にわたる「精神障がい者の社会復帰を進めよう」キャンペーンを行った。

そのときは、当事者や家族が実名で訴え、本人や家族が堂々と顔を上げて名乗り、自分たちの置かれている厳しい状況を訴えた。地域ごとに医療、家族、当事者、福祉関係をはじめ、市町村役場、市民を巻き込んで病気への理解、社会への参加の理解を広げる講座や映画上映、関係機関へも働きかけるものであり、運動の反響は大きかった。

この取り組みをモデルにした映画「ふるさとをください」が2008年、全国で静かな感動を広げた。共同作業所の全国連絡組織である「きょうされん」の30周年記念映画で、視聴率55%を記録したNHK連続テレビ小説「澪《みお》つくし」で有名なジェームス三木氏が脚本を担当した。ジェームス三木氏は、きょうされんの熱心な応援団であり、国会請願署名街頭活動でも応援演説をしてくれている。

物語は、和歌山のとある街に精神障がい者の共同作業所が設立されるところから始まる。警戒する地域住民は反対運動を始めるが、反対運動の代表者の娘と施設職員の恋愛をきっかけに、地域住民が障が

い者への理解を深めていくというストーリー。コミカルな笑いも交えながら、「知らない」ことの弊害、「知ること」で地域に生まれる交流と共感が描かれている。2012年には、同じくジェームス三木氏の脚本、演出で舞台化された。

1988年、精神障がい者の「僕たちにも働く場を」との要求が強まり、和歌山医科大学精神科の協力を得て、病院のクリーニング業を中心とする精神障がい者の就労企業「有限会社障がい者自立工場」が誕生した。精神障がい者に対する就労支援の制度がまだなにもなかったときに一般事業所として出発し、経済的自立を目標に掲げた。ただでさえ毎日安定して継続的に仕事に就くことが難しいとされる精神障がい者の経済的自立に対して、真っ正面から取り組んだ。

設立当時、単価は安いものの、機械の導入等で大量の作業をすることが可能となり、一定の売上が見込めること、そして障がい者が共に作業をすることができ自立に向けた仕事としてふさわしいことに着目して、クリーニング業に取り組むことになった。しかし、企業経営の経験がなく、顧客確保や品質向上がなかなか進まず、不安定な運営にならざるを得なかった。仕事の確保は複数の企業との契約、企業からの注文（製品の仕上がり、納期など）に誠実に応えることによる信頼関係が深められた。また、県、市の入札業者としての登録、優先発注などにより仕事量を増加させてきた。

そして、その運営は全国初の精神障がい者福祉工場として「ソーシャルファーム・ピネル」に受け継

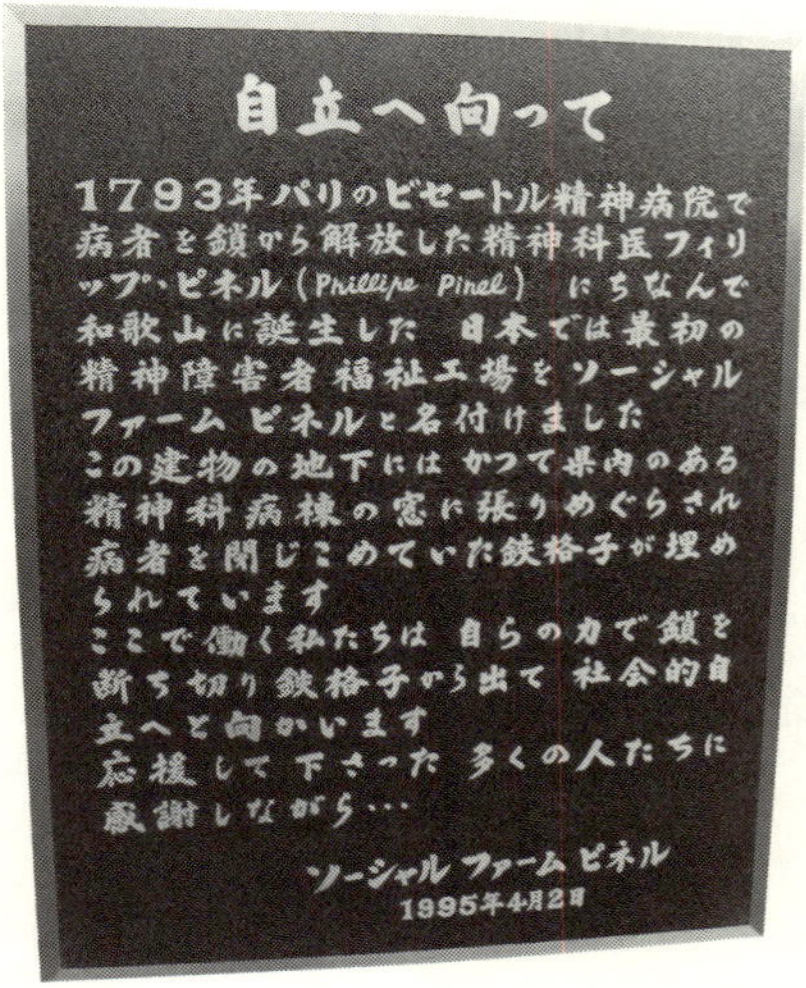

自立へ向って
1793年パリのビセートル精神病院で
病者を鎖から解放した精神科医フィリ
ップ・ピネル（Phillipe Pinel）にちなんで
和歌山に誕生した 日本では最初の
精神障害者福祉工場をソーシャル
ファーム ピネルと名付けました
この建物の地下にはかつて県内のある
精神科病棟の窓に張りめぐらされ
病者を閉じこめていた鉄格子が埋め
られています
ここで働く私たちは 自らの力で鎖を
断ち切り鉄格子から出て 社会的自
立へと向かいます
応援して下さった 多くの人たちに
感謝しながら…
ソーシャル ファーム ピネル
1995年4月2日

ソーシャルファーム・ピネルに掲げられている「自立へ向って」

がれ、1995年4月に開所した。さまざまな事業で就労に結びつきにくい人たちと地域社会の人たちが共に支え合いながら働ける場を目指した。その後、2008年10月に就労継続支援事業に移行してからは、A型事業所とB型事業所が隣接した構造になっており、両事業所で対象者を受け入れている。

ソーシャルファームとフィリップ・ピネル

「ソーシャルファーム・ピネル」という名前は、障がいのある人たちをはじめ、生きがいのある仕事と経済的に自立できる収入を確保することを目的とした「ソーシャルファーム（社会的企業）」と、精神障がい者の鎖を断ち切り、精神障がい者の脱入院化・社会復帰を進めたフランスの精神科医フィリップ・ピネルにちなんで名づけた。

いまは亡くなってしまったが、和歌山県立医科大学の東教授が、「君らがしようとしていることは、ソーシャルファームだ」と教えてくれて、初めてソーシャルファームという言葉を知った。徐々に補助を少なくし、事業そのものの自立と障がい者自身の経済的自立を実現させていくことを目標に掲げた。クリーニングに続き印刷、食品製造と拡大した。

フィリップ・ピネル（1745—1826）は、1783年にパリのビセートル精神病院で初めて精神病患者を鎖から解放した。薬の過剰投与を廃し、閉鎖病棟の劣悪で悲観的な環境は、患者の状態をより一層悪くするだけだと考えた、人道的かつ心理学的臨床を重んじた精神科医であった。「治療の原点は自由にある」という確固たる信念を持っていたピネルの名は、精神障がい者たちを地域に解き放つための象徴としてまさにふさわしい。

そうして、日本で一番遅れている和歌山の地で、日本で初めて生まれた精神障がい者福祉工場の名称に、精神障がい者福祉工場○○○ではなく、精神障がい者をとり、「ソーシャルファーム・ピネル」と名前をつけマスコミも大きく取り上げた。

全国初の精神障がい者福祉工場としてソーシャルファーム・ピネルが誕生した背景には、前身の有限会社障がい者自立工場での実績が大きかった。県内の寝具会社を通じたクリーニング業に取り組み、これまで働けないとされていた精神障がい者が、職場環境を整えることで十分に働くことができることを証明した。

しかし、ソーシャルファーム・ピネルの創業当時は決して順調な経営ではなかった。仕事の確保、収益の向上など、経営の厳しさと雇用拡大の難しさに直面した。当時、他の福祉工場は経営の安定した企業や福祉法人が支援にあたっている場合が多かったが、ピネルの場合は、自らが立ち上げた障がい者自立工場であったため、経営基盤が弱く不安定だった。

しかも、プレハブの工場内は蒸気を使用するため、夏場は連日40℃を超えるなかで、初めて労働をする方やブランクの長い方が利用者のほとんどだったため、毎日誰が出勤してくるのか不透明な状態だった。

クリーニングでは洗い、乾燥、アイロン、たたみ、荷造り、配送など、ラインを確立し作業工程が見やすく、どこからでも参加できるものにした。そして、簡単な工程から複雑な工程の経験を積み上げ、力を高めたリーダーの養成とクリーニング師の資格取得、それぞれの能力に合った配置を進めた。しかし、軌道に乗るまでは職員やボランティアの協力、医師もボランティアとしてその作業に加わり発注元の要望に応えるという状況が続いた。

業務量も少しずつ増えていき、経営も軌道に乗ってきた。利用者も少しずつ力をつけていき、業務も効率的になってきた。創業当時は数種類の限られた作業内容しかなかったが、いまでは職種が拡大し、印刷、ウエス（リサイクル雑巾製造）、製パン、製菓、農産加工、食品製造、アート工房、農業など、個人の作業能力にできるだけ合わせて、さまざまな作業を提供している。

ソーシャルファーム・ピネルの就労形態

ソーシャルファーム・ピネルの定員は30人（A型10人、B型20人）。引きこもりの経験のある者、障害者手帳は取得していないが、精神科での治療や入院経験のある者、発達障がいの疑いのある者なども就労している。なお、利用者の送迎は行っていないため、自力でもしくは家族等の送迎によって通所できることが条件となっている。

また、母子家庭の母親や、生まれつき顔の半分に顔面血管腫と呼ばれる痣《あざ》があるため、企業では就職先が見つからなかった者など、就労にかかる能力や意欲そのものに制限があるわけではないが、就労にあたり一定の配慮が必要な者も受け入れている。

A型事業所では、病院の医師や看護師等の白衣、B型事業所では病院や介護施設で用いられる基準寝具（シーツ、枕カバー等）のリネンサプライ、おしぼり等を扱っている。

ソーシャルファーム・ピネルでは、障がいの状況によって担当業務を分けることはせず、最初は全員B型事業所に配属し、濡れた枕カバーを1枚ずつたたむ作業から始める。単調な作業を根気強く続けることが求められるなかで、一人ひとりの適性や調子を崩したときの状況を見極め、シーツを洗う、おしぼりをたたむなど、その人に合った作業を担当してもらう。

対象者に具体的に用意されている出勤パターンは4種類。一日を4回に分け、①午前8：30～10：10、②10：30～11：45、③13：00～14：30、④14：50～16：00、このなかから2クール（1クールは3か月）をこなすことからスタートし、徐々に仕事に関われる時間を増やしていく。4クールすべてをこなし、しかも月曜日から金曜日まで毎日出勤し、責任をもって就労できれば、就労継続A型事業所メンバーの仲間入りで、和歌山県の最低賃金（時給731円）が保障されることになる。

工賃の支払いについては、B型事業所では全員「1時間あたり250円」から始まることになっている。就労時間というわかりやすい目標を達成することで明確に工賃が上がるシステムとなっている。

商売の基本、お客様からの信頼を得る

ソーシャルファーム・ピネルの年間売上高は、2014年実績で約1億円である。2000年の時点では約4300万円程度であったから、ここ15年でほぼ2・3倍に事業を拡大してきたことになる。クリーニング業界全体が価格競争の波に飲み込まれ、

全国の同業福祉施設がどこも事業運営に苦戦しているなかで、どうして売上が年々拡大しているのだろうか。

それは、お客様からの信頼を勝ち取るという商売の基本を行っているからだ。誠実な仕事をきっちりしていれば、お客様から仕事を出していただけるようになる。安ければ仕上げは適当でいいという考えではいけない。ある病院の先生は、入札で別の業者に決まってしまったにもかかわらず、自腹でソーシャルファーム・ピネルに発注してくれるほどだ。糊のきかせ方も、お客様一人ひとりに合わせているところなど、細かい配慮が評価されているのかもしれない。

お客様が10人いたとして、9人までが許容してくれるレベルのしわや汚れでも、残りの1人のお客様がそれを納得できなかったら、クレームになってしまう。その点、メンバーの障がい特性も、この仕事に関してはむしろよい方向に働いているようだ。

従来の福祉施設のみで完結しがちな紋切り型事業を排し、地域業者と結びつき、一般市民の生活に入り込んで事業を行っている。ソーシャルファーム・ピネルでは、夏場には43℃に気温が上がるなかで汗まみれで働く当事者の仕事は、一日の作業計画、受注電話対応、伝票作成、配送納品などにも関わっている。それぞれの分野でリーダー格の人材が育ちつつあり、少しずつメンバーだけでも仕事が回転する体制づくりが始まっている。

麦の郷のソーシャルファームで働く人たちは、「保護された人たち」という名にそぐわない。普通の市民生活のなかに自然に溶け込み、町の零細企業で働く工員さんという感じだ。まちづくりは福祉関係者だけが手を組んでできるというものではない。麦の郷づくりで特に力を入れてきたのは、地元の自治会の活動への参加とコミュニティの拠点と言われる小学校関係者、NPO団体へも積極的に働きかけてきたことである。

今後、このなかに行政は言うにおよばず、企業、学識経験者、政治家なども巻き込んでいくことが麦の郷の課題である。誰も排除しない社会を目指すインクルージョンの理念と実践を、麦の郷から発信していく努力が求められる。

Social Firm

地域農家と連携した仕事おこし

まずは農産加工製造業から

麦の郷では、地域の農家や農業団体と連携し、地域農業への参入や、地域の農家や企業からの小ロット受託加工製造を積極的に展開している。この活動は、近年、農林水産省や厚生労働省、地方自治体が旗振り役となり推進している「農福連携」そのものである。それを一麦会では2000年頃から実施してきた。

農福連携とは、主に知的・精神障がい者を対象に高齢化・後継者不足に悩む農業に参加してもらう取り組みだ。生産から食品加工、流通販売まで手掛ける「六次産業化」を進め、障がい者の力を幅広く活用する社会福祉法人や農事組合法人が増えている。

六次産業化とは、農畜産物、水産物の生産だけにとどまらず、それを原材料とした食品加工の製造・販売や観光農園のような地域資源を生かしたサービスなど、第二次産業、第三次産業にまで主体的かつ総合的に関わることである。生産・流通・加工・消費のそれぞれを自らが行うことで、市場への卸価格に左右されることなく、農林水産物に付加価値をつけ、新たな雇用を創出することができる。

麦の郷では、そのなかで二次産業の農産加工製造業から事業を開始することにした。

農産加工製造業の立ち上げは、比較的軽設備で始められ、特殊な専門的知識・技術・資格がなくてもできる。ほとんどの人が携われる業種が多く、最近ではコンパクトな加工製造器具が開発され、小規模の加工場でも創業できる業種が増えてきた。

また、食料品は、消費頻度が高く、景気に大きく影響されない。比較的安定した仕事量と収益を確保できる。また、特別な技術も設備もない作業所が、一般市場で通じる商品をつくるために、地元でとれる農林水産物等、地域文化・歴史、地域の加工技術に特化することで、地域のこだわり（ブランド）商品をつくることができる。

一般市場で売れる商品づくりは、その分野で成功した人の技術・知識を学び、その上で独自の工夫を加えていく方法がよいと考える。専門家からの指導を受けながら、作業所にノウハウを蓄積していった。

２０１０年4月には、農文協・加工ネットワーク主催で、全国の小規模事業者20人を招いて研修会を開催した。２０１１年10月には、利用者を中心に地域の果物を原材料とした果汁・ピューレづくりの研修を実施した。そのほか、ゼリーは和菓子老舗の職人に手ほどきを受け、納豆は購入した機械メーカーから指導を受けた。

中小企業家同友会から始まった食品製造業への挑戦

ソーシャルファーム・ピネルがスタートしてほどなく、和歌山県中小企業家同友会に加入した。中小企業家同友会は障がい者雇用に積極的で、全国集会を開くなどして障がい者雇用の推進と啓発を行っている。この会の全国機関紙に、麦の郷の就労支援の記事が掲載された。その記事が食品製造業へ挑戦するきっかけを呼び寄せてくれた。

機関紙の記事を見た市内の給食弁当会社から、「関連会社が委託製造で販売している冷凍コロッケを麦の郷でつくってみてはどうか」という提案をいただいた。給食弁当会社の「機械化され単純な作業は誰でも可能で、障がいをもっていても十分可能ではないか」という思いと、麦の郷の「福祉的作業から一般企業のなかでの作業を実現したい」という思いが重なり、実現した。衛生管理・品質管理等、厳しい条件がつく仕事だが、きちんと管理すれば障がいのある人でもできると勧めていただいたので受け入れた。

製造場所と製造に必要な機械設備は、関連会社の方から提供していただいた。企業内作業所という麦の郷では初めての形態だったが、一定の販路が確保された製品の下請けという安定した製造事業であった。１９９８年2月から食品会社へ出向いての実習を始め、9月からは本格的な製造体制となった。

創業して2年目に、近隣の農業組合と協力関係を結ぶことができ、農業組合が主催している日曜朝市に参加することになった。朝市でコロッケの実演販売を実施し、いつもはお客様と接する機会の少ない利用者にとって、対面販売は非常によい職業訓練になった。

その後、朝市は発展拡大を遂げ、農業組合の直売所設立につながった。直売所では、当時麦の郷で製造を始めたパン・焼き菓子・生菓子・干物等、すべての品ぞろえが許可され、売上が大きく伸び、各作業所の運転資金不足が解消された。

金融機関の融資により農産加工所を整備

２００４年頃から本格的に食品加工を行えるようになったのは、医師であり当時副理事長だった方による資金援助があったからだ。納豆づくりの機械や煎餅づくりの機械を導入し、障がいのある人たちの仕事おこしとして、地域の農産物を生かした加工品を製造していた。

しかし、設備は生産性が悪く、衛生・品質管理の面からも生協や大手スーパーに納品できるレベルには達していなかった。また、毎年特別支援学校を卒業した生徒の進路先として、職場の拡大は急務であった。

新たに事業を始めようにも自己資金はわずかしかなく、社会福祉法人が金融機関から融資を受けるのは非常に難しい状況だった。

幸いにも法人は有限会社を持っていたので、農産加工場建設資金の融資を金融機関に申請した。担当者が麦の郷の熱意と社会的貢献を考え融資ができるように動いてくれ、２０００万円を借りることができた。その資金を建設費用にすべてあて、２００４年4月に農産加工場を開所した。

その後、各助成団体に片っ端から応募し、そのすべてが採用され、農産物加工所の器具がほとんどそろった。そして、納豆、煎餅、ゼリーの三つの販路拡大に成功し、利用者の給料向上と利益による、さらなる設備投資が行えるようになった。

借金は個人の負債でなかったとしても、携わったものとして責任はあるので、極力したくはない。し

地元農業者や企業と連携して製造加工している商品

かし、利用者の経済的自立を実現させるためには、いつまでも福祉施設のレベルにとどまっているわけにはいかない。少し無理をしてでも、本格的な設備を整備すべきである。はじめは借金、そして助成金、さらに事業利益からの投資、と好循環が生まれ、売上と給料アップにつながっていく。

大手企業では対応しない小ロットでの受託製造

農産加工場を整備したことで、原材料を仕入れるために多くの農家と付き合う機会が増えた。そのなかで、売れ残った作物や時期を過ぎてしまった野菜や果物の処理に困っており、丹精込めて育てた作物を廃棄するのは「もったいない」が、どうしたらいいのか悩んでいる現状を知った。

そこから、地域の農家から農作物を引き受け、小ロットで加工品を提供する受託加工製造事業が始まった。

大手のＯＥＭ（original equipment manufactur-er：納入先商標による受託製造）を受けている企業はたくさんあるが、小ロットには対応できない。麦の郷が対象としているのは、ロットが小さすぎて企業には発注できないような地域の小規模農家だ。麦の郷では１００個単位から引き受けている。さらに商品ラベルも自社のプリンターで出力できるため、小ロットでもオリジナルのラベルを容易に作成することが可能である。

商談会にも積極的に参加し、いまでは県外の民間会社や県内農家等からの加工依頼が頻繁に寄せられるようになった。また、和歌山県の名産品「南高梅」を無農薬・無肥料栽培するてらがき農園（紀州みなべ）から、１本４０００円もする最高品質の梅シロップをジュレにする仕事を任されている。

地域に開かれた生産設備

麦の郷の事業の中心は、自主製品の生産販売だが、その製品の販路開拓は福祉関係者の最も苦手とする業務である。

それに対して、委託加工は一度お付き合いをした方との信頼関係が築ければ、その後も継続してお付き合いすることができる。また、口コミで別の方を紹介してくれ、お客様がお客様を連れてきてくれることもある。

麦の郷は受託加工料をいただき、お客様は自社の商品として販売先に納品できる、というWIN-WINの関係が築ける。もちろん自主製品製造を中心とする事業展開を変えるつもりはないが、自主製品製造と並ぶ一つの柱として、委託加工に積極的に取り組んでいく。

福祉施設が保有する生産設備は、一般的に助成金や補助金などの公的資金によって導入されたものがほとんどだ。本来は地域に住む人たちのために、もっと開かれた公的資源として活用してもよい資源であろう。麦の郷では、自分たちの生産設備を地域農家や企業に開放し、地域のために支援している。

地域の連携でつくりあげる六次産業化

地域の一福祉法人、もしくは一農業者が一次産業・二次産業・三次産業をすべて運営し成り立たせるのは、非常に困難である。複数の団体が相互協力関係を築き、互いに強み弱みを補填しあう必要がある。単独の作業所ができることは限られている。地域の作業所が連携し、農業・加工製造業・小売販売業を分担して行えば、六次産業が完成し、地域全体の底上げとなる。

都会には、たくさんの経営資源と販路があり、ビジネスチャンスも多いが、地方はそれが限られる。これからは、いままで以上に公共事業や企業誘致による雇用拡大は難しい。地域資源を活用した内発的な仕事おこしで、それほど多額な収益が出なくても、外部環境に影響されない仕事をつくり、障がいのある人たちの雇用を確保していかなければならない。

Social Firm

福祉を売りにした商いではなく市場原理に基づく商いを

売れる商品力と営業によるフィードバック

作業所の自主製品の大半は、バザーやイベント等の福祉関係者の催しで販売されてきた。福祉をこだわりにした販売は、市場原理の伴わない商いである。それも必要だが、商品に価値がなければ一度は買ってもリピートはない。利用者に安定した仕事の提供と経済的自立が可能な給料を支払っていくならば、一般市場への挑戦は必要である。加えて、一般市場へ出ても売れる商品力の育成と六次産業化の推進による域内流通および域外への販路拡大が必要である。

営業を始めた当初は、麦の郷の職員も福祉を前面に出しての売り込みだった。「この商品は障がいのある人が一生懸命つくったものです。経営のことはわかりませんが、障がいのある人たちの給料を向上させるために頑張っています」というように、いわば協力依頼だった。

しかし、営業を重ねるうちに、営業先の地元スーパー、生協等から商品に対する厳しい意見や要望をいただき、それを作業所にフィードバックし、品質や内容を改善していくという循環が生まれてきた。改善を重ねるとともに商品知識と説得力がついてきた。

開店した農産物直売所でも企業商品と競合し、学ぶ

2011年8月、農産物直売所「麦市」を開店させた。店舗を構えた地域は、数年前に近隣のスーパーが閉店したことから、食料品や日用品等の日常必需品を購入できる小売店がない地域だ。高齢者を中心とした、いわゆる「買い物難民」が発生しないためにも、農産物直売所の開設は地域が緊急に必要としている社会資源となっている。

また、直売所の開設は、麦の郷周辺の地域住民と

地域住民と障がいのある人たちの交流の場となっている農産物直売所「麦市」

障がいのある人たちの日常的に交流する場、そして麦の郷の実態を地域に知ってもらうためのコミュニティの場になっている。２０１３年6月からは、対象者が商品を高齢者の自宅まで配達する「買い物支援活動」も実施しており、独居高齢者等の安否確認機能も果たすようになっている。

品ぞろえは地域の農産物を中心に、作業所と企業の両方をそろえた。直売所では、特に惣菜・弁当類は重要商品である。コロッケや唐揚げ等の揚げ物類は10年前から、和洋惣菜と弁当は直売所の開店に合わせて準備した。

開店日に、作業所と企業の商品が並んだ。売れたのは、企業の商品であり、作業所の商品はほとんど売れ残った。ボリューム、見栄えに格段の差があった。しかし、その後、企業の商品を参考にしながら改善を図り、また企業のつくっていない商品を開発した結果、いちおう対等に売れるようになってきた。当初、企業の商品を排して作業所の商品を保護してくれとの意見があった。しかし買ってくれるのは一般消費者だ。そんな考えで営業していたならば、直売所は即つぶれていたことだろう。

「福祉」と「経営」の専門性をもつ人材の育成

和歌山県庁には、県産品の販路拡大を推進する部署として、農林水産部食品流通課がある。課の取り組みは、和歌山産品のＰＲや商談会の開催、ネット販売、売れるものづくりへの支援としてモニター事業やアドバイザー派遣事業を実施している。麦の郷職員も緊密に連携し、行政の機能を活用している。

２００８年の商談会には、作業所ではじめて麦の郷が出品した。商品を厳しく指摘されることもなく、本当の実力がわからない福祉関係の販売（イベントやバザー等）と違い、一般企業と混じっての商談は非常に勉強になる。

麦の郷では、就労訓練事業の対象者を受け入れる各事業所に、金融機関、大手スーパーマーケット、製鉄会社など民間企業での勤務経験のある人材を配置しているのが特徴である。新たな事業を立ち上げるにあたり、事業運営や商品開発、物流などのノウハウを持つ民間経験者を中心に、市場において競争力を持てる工夫を行ってきた。

例えば、食品である。食品業界は成熟しており、作業所が参入しても、豊富な品ぞろえを有している大手企業には、なかなか勝ち目がない。作業所の事業として、いまも昔も圧倒的に多いのが、製パンと製菓であり、その分野は作業所同士で競合している。

そこで、和歌山県で消費が伸びている納豆に着目した。以前は全国で一番消費が少ない地域だったが、近年、若者を中心に消費が伸びている。また、県内には納豆の加工製造を行っている企業は一社しかおらず、競争相手が少なかった。和歌山県人向けに納豆臭を抑え、大豆本来の味のする納豆を生産し、いまでは近隣の府県にまで出荷している。

就労訓練事業者は、対象者の多様な就労の場を確保するため、新たな仕事を開発することが重要であり、就労支援担当者のなかに事業運営の知識と経験を有する人材を確保することも、事業を進める上ではポイントとなる。

事業担当者には、商品開発や営業等の「経営」の専門性と、就労訓練事業の対象者を支援するための「福祉」の専門性の両方が求められる。そのため、麦の郷は、民間企業での勤務経験のある人材の中途採用に積極的に取り組む一方、福祉を専門とする職員に対して、就労支援事業に必要な計数管理の学習、加工技術者を招いての商品づくりの実習、一般市場への営業活動等を実施し、現場での実践教育で各事業所の責任者となる人材の育成に努めている。

Social Firm

みんなが住みよい地域を築き上げる

地域の困りごとを複合的に支援

麦の郷は、障がい者やその家族が必要だと感じた地域での「場」やサービスを求める運動から始まっており、その時々の社会や時勢に合わせた必要性に対応する形で活動の領域を広げてきた。そうした経緯から麦の郷の活動は、特定の分野に特化したものではなく、多くの分野を包括するものである。

一方で、障がいの早期発見のための乳幼児検診実現の運動が加わり、不登校の児童・生徒や引きこもり青年の支援につながっていく。さらに障がい者の高齢化で、在宅での介護や看取《みと》りから、仲間による葬儀まで幅は広がり、ライフサイクル全体の総合支援を目指している。障がい者の就労機会を増やすために共同作業所や福祉工場などの運営に特化したものではなく、高齢者や引きこもりの青年の支援など、障がい分野での経験を生かし、「困りごと」のあるすべての人が地域で暮らせることを目指して複合的な支援をしている。

具体的には、就学前の子どもたちの発達を支援する「こじか園」の設置、引きこもりや不登校の青年が活躍できる場として古民家を活用したカフェの経営や文化・芸術活動、心身の健康を保つために訪問介護サービス、ピア（仲間、同僚）カウンセリングができる相談窓口を設置、地域に住み続けられる場の確保としてグループホームの運営、独居高齢者の交流の場をつくるための居場所（みんなの家）などを開設した。

現在は、12の共同作業所および一つの就業・生活支援センター、六つのグループホーム・ケアホーム、四つの生活支援センター、二つの高齢者向け支援センターおよび看護ステーション、三つの障がい児向け施設の運営に携わっている。

その他に六つの協力事業所があり、障がい者向け共同作業所だけでなく、ひきこもり者支援センターや高齢者向け多目的スペースなどがある。さらに付設の研究所、相談所、研修施設、宿泊施設、連携施設や関連事業など、幅広い分野で地域の困りごとに取り組んでいる。

さまざまな事業を運営するなかで、例えばソーシャルファーム・ピネルのような経営的に成功した事業所があると、就労訓練事業の対象者を含む多様な人を支援する余裕が生まれ、対象者の特性を加味した、新たな事業に挑戦することができるという好循環が生まれる。

ひきこもりの若者の「居場所・活動の場」づくり

麦の郷の幅広い事業のなかには、障がいのある方だけでなく、ひきこもり経験のある若者に対する支援も行われている。それが、2013年7月から営業を開始した、古民家カフェ「創— hajime café」である。

古民家として活用している山﨑邸（紀の川市粉《こ》河《かわ》）は、1917年、綿織物（綿フランネル）の生産加工によって財を成した山﨑家の当主によって建築された邸宅である。近代和風建築と呼ばれる貴重な文化財建造物であるため、建築物自体にも見どころが多く、カフェのほか、イベントや展覧会、各種講座の会場として活用されるなど、地域住民の交流の場となっている。

これまで麦の郷で事業所を立ち上げる際は、土地・建物の入手には競売物件を活用することが多かったが、山﨑邸については、借り手が見つからず困っていた所有者から無償で借り受けることができた。

これは、一麦会が、「企業がやらないような採算が合わない事業でも、地域が必要としていることは

古民家を再生し、ひきこもりの若者の活動場所となっている「創― hajime café」

社会福祉法人が実施すべきだ」という理念のもと、永年、地域づくりに取り組んできた結果でもあるといえる。

「創― hajime café」の運営は、一麦会が運営する「紀の川・岩出生活支援センター」が2009年以降、和歌山県から受託している「ひきこもり者社会参加支援センター事業」（委託費：年間600万円）の一環として行っている。

この事業で設置された「ひきこもり者社会参加支援センター創― HAJIME ―」（以下、支援センターという）は、ひきこもりの若者が自分の存在を確かめ、安心して生活できる「居場所・活動の場」として機能しており、対象者の自由な発想からプログラムや活動を企画立案し、やりがいや楽しみを見つけることを支援している。

「HAJIME」には、Heart Join Move（こころをつなげて動き出す）という思いがつまっている。オリジナルコーヒー豆の焙煎、販売を支援センターの活動として行っていたが、その活動を進めるうちに、対象者の仕事に対する意欲が湧き「いつかカフェを運営してみたい」と考えるようになり、「創― hajime café」をオープンすることになった。

支援センターは、ひきこもりの若者たちがほっとした気持ちでゆっくりと過ごす居場所である。特に「語り」を大切にしていて、「語りたいと思う自分、語りたいと思う相手、語ってもいいなと思える場所」と出会える空間づくりを心がけている。基本的に、若者たちが思い思いに過ごしたらいいと思っているが、「なにか、きっかけがないと行きにくい」という若者のために、毎週火曜はレクリエーションの日、毎週水曜は軽作業の日と決めている。

火曜のレクリエーションは、最新のゲームではなく、ボードゲームやカードゲームといった、アナログ型のゲームを取り入れている。これは、若者同士のコミュニケーションの活性化には大変プラスで、楽しく遊びながらも、他者との関係づくりを体験的に身につけることができる。また、水曜の軽作業では、「創― hajime café」で使うコーヒーの焙煎や袋詰めのほか、麦の郷本体で展開している多種多様な事業に関連する作業を、若者たちの興味や適性に応じて行っている。

「創― hajime café」の営業日である木・金・土曜は、粉河の山﨑邸で若者たちとカフェを行っている。コーヒーのブレンドや、ランチメニューの開発、古民家のよさを活かしたインテリア等、若者たちと話し合いながら、より魅力的な店づくりに取り組んでいる。

支援センターでの活動が就労へとつながった

現在、8名の就労訓練事業の対象者が「創― hajime café」で就労している。年齢は20代から30代で、いずれも支援センターの利用者である。学校でのいじめや就職先でうまくいかなかったことなどからひきこもり状態となり、自分自身の生き方を一生懸命模索しているものの、一人ではどうしたらいいかわからない、何か社会とのつながりのきっかけを探しているが見つからないという思いを抱え、支援センターに通うようになった。その後、支援センターの活動を通じて、同じ背景や思いを持つ仲間と出会い、互いに認め合える居場所が得られたことで、社会参加や就労への意欲が高まり、就労訓練事業の参加へとつながった。

対象者はいずれも非雇用型で就労しているが、業務の内容に応じて工賃が支払われている。「創―hajime café」の１日あたりの売上は平均３万～４万円であり、対象者はおおむね３０００円から４００0円の収入を得ることになり、結果として最低賃金を超えていることも多い。また、１日の売上が５万円を超えるとボーナスが支払われる仕組みもあり、自分たちの努力によって待遇が向上する機会を設けることにより、モチベーションの向上を図っている。

「山﨑邸」では、「創―hajime café」以外にも、さまざまな面白いプロジェクトが進行している。地元のまちづくり団体の会議の場として使われているほか、地元の芸術家が障がい者の描いた絵をもとにアート作品に仕上げ、販売する「ポングリ図画耕作所(むぎピース出張所)」の活動も展開している。

また、カフェで使っている場所を、定休日や夜間等にシェアキッチンとして貸し出している。時々、飲食店の開業を計画している方々や地元高校生が、実際の店舗を使ってカフェの定期開催も行っている。「創―hajime café」で働く若者たちも準備段階から一緒に加わり、一緒にメニューを考案したり、コーヒーの淹れ方を教えたりする。

「創―hajime café」の若者たちや地元の学生たちには、「山﨑邸」に集まる、人生を楽しんでいる大人たちとの交わりのなかで、考え方や人生観を広げていってもらえたら、と願っている。

こうした支援のなかで、対象者が就労に対して自信を深め、一麦会以外の企業等への就職を希望し、相談を受けることもある。自ら企業等での就職を希望する者については、ハローワークへの同行などの支援を行っている。

一麦会では一般就労の第一歩として、対象者には安心できる「居場所」の存在が必要であり、それを社会参加、一般就労の基礎としている。自分にとって居心地のよい「居場所」があると、外の世界に踏み出す力も湧いてくるものであり、逆にそうした場所がないと不安が解消されず、一歩踏み出すことができないと考えているからである。

Social Firm

ピネルが目指した理想を現在に引き継ぐ「麦の郷」

日本におけるソーシャルファームの起業は、簡単ではないと考えている。

営利の追求を目標に、市場競争のなかで生き残るために従業員を戦力化し、市場の状況を迅速に把握しながら業務内容の向上を進める一般企業に対して、就労弱者といわれる人たちの雇用と支援を目標に事業経営の展開を実施するソーシャルファームでは、競争力に差があるからだ。

しかし、「社会に役立つ事業所だから優遇してほしい」は、通用しない。理念は立派だが成り立たないということになりかねない。ソーシャルファームの経営者は、福祉の専門性も必要だが、事業の専門性はプロでなければ通用しないと思う。

狙い目は、事業内容は限定できないが、地域社会が必要としているもので、企業が参入していない分野だ。私たちは地域資源を活かした六次産業化と地域包括システムづくりのなかに、ソーシャルファームの事業展開を推進していきたいと考えている。

フランスの精神科医フィリップ・ピネルが目指した「鎖でつながれた精神障がい者たちの心を解き放つ」という理想は、行政が動く前に住民から運動を起こす、設立当初から変わらない「麦の郷」が20年の時を経た現在も引き継いでいる。

第５章

「地域」と「命」をつなぐ ソーシャルファームの実現へ

認定 NPO 法人ぬくもり福祉会たんぽぽ 会長　桑山 和子

公民館の女性講座をきっかけに、1986（昭和 61）年に設立された「たんぽぽ」。家事援助や介護サービス、子育て支援、配食サービス、移送サービスなどの市民互助型の助け合いサービスを開始した。

現在は、介護保険事業所を中心として、法人の総人員は 236 名（平成 27 年 10 月現在）、事業規模は 6 億 8000 万（平成 26 年度）を超えるなど、法人設立以来活動の規模は拡大している。1999（平成 11）年には、埼玉県で初の NPO 法人となり、2013 年に認定 NPO 第一号を新たに取得した。その「たんぽぽ」が 2009 年、30 年以上にわたる活動実績をもとにソーシャルファームを始めた。

Social Firm

地域住民の助け合い、支え合いが基本

介護保険制度導入前のたんぽぽ主催在宅ケアシンポジウムの様子

始まりは女性講座

ぬくもり福祉会「たんぽぽ」のある埼玉県飯能市は、東京・池袋から西武線急行で約40分、東京都心への通勤圏内にある、人口約8万3000人の街である。市内の7割が森林で自然環境に恵まれており、古くは林業、養蚕で栄えた地域である。

「たんぽぽ」の始まりは、公民館での講座修了生たちが女性の視点でまちづくりや福祉を考えていこうと1986年に立ち上げた「女性問題研究会たんぽぽ」にさかのぼる。

当時のキーワードは、「男女平等」「女性の社会参加」「高齢化社会」「担い手ヘルパーさん10万人」。元教師だった「ぬくもり福祉会」会長の桑山和子さんが、その女性講座の講師を務めていた。勉強会を重ねて、1994年に「ぬくもりサービスたんぽぽ」を設立した。

地域の助け合い、支え合いがベース

「たんぽぽ」は、地域住民が困ったときはお互いに助け合い、地域社会を豊かで住みよくするために自主的な活動を行い、福祉の増進や男女共同参画社会の促進に寄与することを目的に設立された。設立当初は、福祉教育や生涯学習、啓発活動を中心に活動していた。

その後、活動内容を当初の女性問題から拡大し、「歳をとっても障がいを負っても生きる力や夢を探し求める力を、一人ひとりに与え続けていくこと」という団体理念を掲げ、地域住民全般を対象とした

生活支援サービス等の活動へと展開してきた。

１９９４年に、家事援助、介護サービスを始め、その後もヘルパー研修や子育て支援、配食サービス、移送サービスなど事業を展開していった。

その根本には「困ったときはお互いさま」という考え方があり、地域住民の「助け合い、支え合い」が基本だ。

介護保険制度の導入

発足当初の配食サービス

１９９９年に埼玉県第１号のＮＰＯ法人の認証を受け、介護保険法が施行された２０００年には、「たんぽぽ」も大きな決断を下した。
それは、介護保険による指定居宅介護事業者として努力していくべきか、従来のようなボランタリーな精神で、地域のなかで困った人がいれば、すぐに会員に電話をかけて活動を起こしていくか、つまり即戦力として市民に安心感を売りにしていくか、という選択だった。いずれにしても、介護ヘルパーであっても、家事援助サービスを行う場合でも、お互いの専門性を磨き合いながら、一人の人間として、会員として誇れるような団体でありたいという思いは変わらない。
利用者のニーズから、２０００年に「デイサービスぬくもりの館」が竣工し、通所介護、訪問介護、居宅介護支援の三事業がスタートした
２００３年には、飯能市内で第１号となるグループホームメゾネットたんぽぽを開所し、その後も時代の変化に伴い、居宅介護支援の総合相談センター、デイサービス田園倶楽部、訪問看護ステーション、ショートステイリゾートたんぽぽ、などの施設を次々と開き、地域包括支援センター、ファミリー・サポート・センター、障がい者相談支援事業、児童クラブを飯能市から受託し、現在では市内で一番利用者の多い介護事業者となっている。

Social Firm

ソーシャルファームとの出会い

就労困難者の現状に直面した就業・生活支援事業

「たんぽぽ」は当初、障がい者支援をとくに意識したものではなかった。だが、地域住民のなかにも障がい者はいた。「助け合い、支え合い」のなかで障がい児・者の支援も行い、２００７年には、飯能市の委託業務である「飯能市障がい者就労支援センターＪＯＢ」を受託した。

そこで目の当たりにしたのは、高齢者や障がい者、ひきこもり、ニート、元受刑者など、面接に行っても不採用か、また採用されても職場の雰囲気になじめず辞めてしまうなど、就労が難しい人たちの現状だった。

ソーシャルファームジャパン理事長の炭谷茂氏が提唱する「ソーシャルファーム（social firm）」の

〈法人概要〉
組織名：特定非営利活動法人ぬくもり福祉会たんぽぽ
会長：桑山和子
所在地：埼玉県飯能市落合290－4（本部）
電話：042－972－8611
URL：http://care－net.biz/11/tanpopo/
設立年：1986年、前身の「女性問題研究会たんぽぽ」設立。1994年、「ぬくもりサービスたんぽぽ」設立。1999年4月、NPO法人格取得。2013年、認定NPO法人格取得
法人の理念・モットー：「困ったときはお互いさま」
法人実施事業：●介護保険事業（ケアプランたんぽぽ、たんぽぽ訪問介護事業所、デイサービスぬくもりの館、デイサービス田園倶楽部、グループホームメゾネットたんぽぽ、訪問介護ステーションたんぽぽ、ショートステイリゾートたんぽぽ）●受託事業（配食サービス、飯能市地域包括支援センターさかえ町、飯能市ファミリー・サポート・センター、すこやか福祉相談センターさかえ町）●障がい福祉事業（障がい福祉サービス、移動支援事業、生活サポート事業、障がい者相談支援センター）●ソーシャルファーム（農園・園芸）●研修事業
年間事業規模：平成26年度売上、約6億8000万円（法人税・事業税　約300万円）
職員数：236名（常勤75名、非常勤106名、登録ヘルパー55名）、うちソーシャルファームの人員　6名（職員1名、非常勤1名、障がい者等4名）（平成27年10月現在）
ソーシャルファーム事業にかかる年間経費：約1200万円・自主財源

意義に賛同し、自ら働く場をつくりだし、雇用する側になることを決意した。

そうして２００９年、埼玉県飯能市にソーシャルファームが誕生したのである。

農業でのソーシャルファーム

ソーシャルファームとは、障がい者や高齢者など、労働市場で就労困難な人たちのために仕事を生み出し、または支援つきの雇用機会を提供することであるが、それだけではない。ソーシャルファームは、ビジネスとして経営していかなければならない。雇用した障がい者に最低賃金は保障しなければならないのだ。

設立当初から介護関係の仕事をやってきて、地域では信頼とブランドを確立してきたと自負してきた。介護事業は資格や制度が細かく規定されており、職員たちも専門職集団になりすぎてはいないか。もっと自由に働きたい、参画したい人がいる。設立から20年余り経ったいま、設立当初の原点である「助け合い、支え合い」、つまりソーシャルインクルージョンの原点に戻ろう、と考えた。

ソーシャルインクルージョンとは、障がい者ら社会的弱者を社会から隔離排除するのではなく、社会のなかで共に助け合って生きていこうという考え方である。

「たんぽぽ」では、農業分野でソーシャルファームに取り組んでいる。地域には農業に関する知恵を有する人たちがたくさんいた。一方で、「たんぽぽ」は介護事業のなかで常に「命」と向き合って歩んできた。種をまき育てる農業は、まさに命がつながって収穫期を迎える。後継者がおらず耕作放棄されている畑が、障がい者らの手でよみがえる。地域が活性化する。無農薬の野菜づくりは新たな輝きを放ち、命が育つ姿を見て、障がい者、とくに精神障がい者が自信を取り戻せるのではないかと考えた。さらに農業は事業開始にあたっての設備投資が少なくてすむことも選択理由の一つだった。

農業を始めるには、資金、販路、地域の理解、農地はどうするのかという課題がある。農園で、障がい者や高齢者、ひきこもりだった若者などが一生懸命活動している姿を見て、いまでは地域の農家から「耕作地を使ってもらえないか」「高齢になって耕せなくなったのでバトンタッチしてもらえないか」といった声がかかるようになったが、当初は、農地はもちろん、農機具も作業場も保管場所もなにもない、ゼロからのスタートだった。

「社会性」と同様に重要な「事業性」

取り組みを始めた2009年に、少しでも農園の資金獲得を目指して各種の補助金に申請し、「ソーシャルファームの推進に向けた実証モデル事業~福祉と農業のコラボで地域の課題解決から~（厚生労働省、社会福祉推進事業）」というテーマで採択を受けた。本事業の目的は、障がい者雇用等の社会的課題を解決するため、農業分野のソーシャルファームを設立し、福祉と農業のコラボレーションで地域の課題解決をどう図っていくか、また運営におけるさまざまな課題の検証等を行うこととした。

この事業を実施するにあたって、厚生労働省、埼玉県福祉政策課、飯能市障がい福祉課・農林課、ソーシャルファームジャパンの支援を受けつつ、また学識経験者、農業経験者、福祉関係者、行政職等で構成する検討委員会およびワーキングチームを設置した。検討委員会では、①ワーキングチームでの検討結果の検証、②先進事例調査、③モデル事業の進行管理と評価、④広報の方法について検討を行った。

ソーシャルファームの経営に関する視点として、「事業性」が「社会性」と同様に重要な要素である。社会的に有意義な活動だとしても、事業の採算性が取れていなければ、事業を継続できない。その意味で、事業性は土台となる要素であり、日本における福祉工場、授産施設といった福祉的雇用の色彩が強い事業活動とは一線を画しているといえる。

よく聞く失敗談として「社会性」に対する思いは強いが、事業として成り立っていないため継続できない、事業が継続できないから補助金をもらうという話がある。公的な援助をなるべく受けずに、ビジネスとして成立させることにソーシャルファームの意味があるといってよい。

事業実施に至るまでには、「事業構想」「地域社会との連携」「事業成立可能性の判断（経営判断）」の三つの視点が必要である。

共感を生む事業構想

地域で農業を実践しようとするときに、地域からの信頼を得たり資金調達をしていくためには、「事業構想のわかりやすさ」が重要である。「わかりやすさ」があることで、はじめて「共感」が得られるといえる。

事業構想は5W1H、つまり「何を（What）」「どこで（Where）」「なぜ（Why）」「いつ（When）」「だれと（Who）」「どのように（How）」で整理するとわかりやすい。「たんぽぽ」の実践では、「何を＝農業を」「どこで＝飯能の地で（特に落合地区で）」「なぜ＝就労が困難な人を雇うために（社会のために）、遊休農地を活用するために」「いつ＝5年間のうちに」「だれと＝就労が困難な人たちと（「たんぽぽ」のスタッフと）」「どのように＝自然農法を基本として（一部有機農法を使いながら）」と整理を行い、具体的な事業計画の作成を行った。

また、ソーシャルファームを立ち上げようとしている組織を取り巻く環境を、よく分析するのも重要である。地域がソーシャルファーム事業を望んでいるという社会的なニーズはあるのか。そして、そこで収穫された農作物は消費者が買ってくれるのか。この社会のニーズと消費者のニーズに応えるために、地域関係者や販売先などの地域でのネットワークを構築することが、持続的に事業展開を行う上で重要になってくる。

出口を考え、資金の流れを考える

「たんぽぽ」が農地を確保していくことができたのは、地域社会の理解や信頼があったからである。地域のコミュニティ活動である水路の掃除へ参加したときに、地域住民から農地の相談を受けたりしたこともあった。たとえば、富山市八尾《やつお》町にある社会福祉法人フォーレスト八尾会では、江戸時代から行われている「おわら風の盆」というお祭りに参加することをきっかけに、地域社会とつながっている。その他の地域でも、商工会議所や中小企業家同友会、商店街、町内会などへの積極的な参加により、地域とつながって、事業へ発展しているところも多い。

とくに農業を実践する上で、地域の農家の方々とのつながりは重要である。その地域にあった農作物や農法などは長年の経験で培われたものが多いので、事業を立ち上げるにあたって、貴重な情報となる。

「たんぽぽ」での農業ソーシャルファーム事業は地域の新聞社に取り上げられ、コンセプトや思いなどを取材していただいた。新聞を読んだ方からの反響が多くあり、一緒に農業をやりたいといった要望や、農家からの相談などが寄せられた。地域の会合に参加し、1対1での情報を伝えていくことと同時に、メディアをうまく活用した情報の伝達を行っていく必要がある。

農業は採算性を確保するのが難しい事業である。ある程度の生産力を維持するには、農機具や設備などの初期投資が必要だ。まず、「たんぽぽ」がソーシャルファーム事業における収支計算を行った際に、既存事業である介護事業での自己消費と資金繰りの扶助を考えた。

ソーシャルファーム事業で生じる赤字を介護事業における収益で補填している。それにより、ソーシャルファーム事業における事業リスク（販売先確保の困難性）を低減させるという効果があるとともに、介護事業においても給食材料費を低減できるというメリットがある。

しかし、いつまでも既存事業からの資金的扶助を行っていては、既存事業と農業が共倒れしてしまう可能性もあるので、必要最低限の運転資金の援助額の上限を定めておくことが重要である。

Social Firm

経済的自立が課題

地域の信頼から生まれた農地確保

当時の農地法の規定では、特定非営利活動法人が農地を賃借することができなかった。そこで、飯能市内の耕作放棄地を所有者と「農地所有者から農作業を受託する」という農作業受委託契約を結んで確保した。現在は、平成21年の農地法改正で、株式会社や特定非営利活動法人も解除要件を契約に付記することで農地を賃借できるようになった。

当時、農地の確保が実現したのは、「たんぽぽ」が地域の一員として活動してきたことで、信頼関係ができていたからだ。地元小学校や公民館との交流のほか、地域住民の一員として地域のお祭りに参加したり、水利組合の清掃に参加したことでお互いに信頼関係が生まれた。その後、地域のさまざまな人から声がかかり、半年で耕作面積約１万７０００㎡が確保できた。その後も次第に増え続け、２０１１年には23か所約２万５０００㎡になった。

高齢化や後継者不足等の課題を抱える農地所有者が、部分的に農作業を委託することで、効率化が図れれば、農業分野での新たな広がりが図れることがある。また、遊休農地の場合、税務上または農業委員会の指導の関係上、一定程度保有する農地の整備を義務づけられているが、委託することができれば農地所有者にとってメリットになる。

一方で、農作業を委託される側から見れば、不動産の所有権の変更や借地権等の発生がないため、農地所有者からの受託の承諾が得やすくなる。ソーシャルファームの事業性の観点からも、不動産関連の取得にかかるコストが低減できるため、農業を始めやすい。

農業によるソーシャルファームを設立した当初は、耕作する農地も狭く、就労困難者がフルに働けるだけの仕事量を確保できない可能性がある。また、露地栽培だけだと、冬期間の農作業が少なくなる懸念がある。そのときに、高齢化や後継者不足等により人手不足に悩んでいる地域の農家の方から仕事をもらうことも検討する必要がある。雪が多い地域では、夏は農作業をするが、冬は高齢者住宅の屋根の雪下ろしを行っている例もある。

土地に合った農作物を育てる

スタート時は23か所、農地面積２万５０００㎡、東京ドームグラウンドの約２倍にあたる農園で、地

ソーシャルファームたんぽぽ自然農園

力を生かした旬の無農薬野菜を提供していた。6年経った現在では、実力に合った面積に集約し、イモ類（ジャガイモ、サトイモ、サツマイモ）、タマネギを中心に、季節のものも含め20種類程度の野菜を栽培している。

「たんぽぽ」では、農作業に取り組むコンセプトとして、無施肥、無農薬の自然農法で実践している。しかし、自然農法への取り組みは、一定の経験とノウハウおよび土地の性質を把握する必要があり、収穫するまでに複数年必要になる場合が多い。また、土地の状態により、作物の発育状況に差が生じる。実際に畑の土壌性質により発育が良好なところとそうでないところがある。うまく作物が育たない場合は、地域の農家、ＪＡ、農林振興センターの方から助言していただき、対応している。自然農法を基本としつつ、畑の状況を見極め、必要に応じて有機肥料を使用するなど柔軟に対応し、一定の収穫を目指している。

販路確保が最大の課題

少量多品種栽培であることから、販路の確保が最大の課題となっている。無農薬栽培で形が不均一のため市場に出荷できない。病院や施設から引き合いもあるが、生産量が少なく対応できない。

現在は、「たんぽぽ」が経営する介護事業での自家消費が中心となる。他の施設が外注業者に給食を委託するところが多いなか、ここでは無添加の食材を使って、施設内で調理している。

介護事業では、給食費が年間１５００万円前後発生している。このうち、約３３０万円が野菜購入代である。収穫時期や野菜の保存可能期間、営農計画との整合性を考慮すると、そのうち約１２０万円分をソーシャルファームで栽培した農作物であてている。

また、働いている職員も、デイサービスなどの利用者３００名も消費者になる。介護事業で働く約60名の女性職員は、仕事を終え自宅へ帰ると家事を行う方も多い。近隣にスーパーマーケットがなく、仕事後の買い物には駅近辺まで移動しなくてはならない職員もおり、施設内で「たんぽぽ」の野菜を職員対象に販売することにより、職員にとっても生活場の利便性向上につながっている。

野菜などの販路が、系列の介護施設など限られた場に依存しているのが現状である。内部販売を軸として徐々に外部販売先への比率を高くしていくことを考えなければならない。自社の経営資源である、介護事業における給食材料消費および数多く抱える女性職員を最大限に活用することにより、外部への安定供給ができるだけの力を蓄えていくまでの重要な出口として、内部消費・販売を活用している。

助成事業は、どれも単年度の支援だ。2年目以降は、自力で事業性を確保していくことが求められたが、農園で収益をあげるのは難しく、事業スタートから3年目の２０１１年度は、５８９万円の売上で５５０万円の赤字、２０１2年度は「旬彩カフェ」の立ち上げ資金もあり計１５００万円の赤字となった。「困ったときはお互いさま」という法人の理念のもと、ソーシャルファーム事業の赤字を介護保険事業の黒字で補填して、ＮＰＯ法人全体でソーシャルファーム事業を支えている。しかし、今後ソーシ

駅前通りの無人野菜販売所

ャルファーム事業をどう収益に結びつけていくかが大きな課題であり、常に次の一手を考えている。

黒字化のアイデア

農産物に付加価値をつけるためには、加工所を持つなど、六次産業という考え方をしなければならない。「たんぽぽ」の農場では、大豆のいいものができる。そこでその大豆を使った納豆を製造・販売はどうかというオファーもいただいた。経木を使った量り売り方式で、基本的に地域での販売を想定している。安ければ売れる一方で、高くてもいいものは売れる時代だと思っている。

大型スーパーができることで、商店街はシャッター通りになっている。高齢者は、遠くまで買い物に行くことが難しい、いわゆる買い物難民となっている。大規模団地などへはトラックで販売車が回ってくるが、そこに無農薬野菜の販売で参入できないかとも考えている。若い女性や主婦は、無農薬野菜にこだわる人も多い。

もう一つは、直売所をつくることだ。農場でとれた無農薬の野菜を販売し、そこで食べてもらう。農家でつくって販売していない農作物、自分の家では食べきれないものを提供してもらう。要するに「たんぽぽ」が商社の機能を果たして、そういう農産物を取り扱ったらどうだろうとも考えている。以前までは、余った農作物を近隣の人たちに無償であげていたものを売ることができれば、農家の収入にもなるし、私たちも何％かをいただくＷＩＮ－ＷＩＮの関係になる。そして加工所や外販、直売所には、新たな障がい者雇用が発生する。

筆者のアイデアには、すべて地域の人や高齢者、障がい者の雇用も関わってくる。まさに「助け合い、支え合い」の考え方が根底となっている。

Social Firm

いろいろな人が働く場をつくり、育てる

チームワークが必要だから居場所や責任感が生まれる

たんぽぽ自然農園でとれた野菜は、すべて無農薬で有機肥料を施している。農薬を使わないことから、草取りをはじめ人間の知恵と日々の努力と体力が要求される。だからチームワークが必要であり、一人ひとりの居場所、すなわち役割や責任感がいつの間にかお互いの心に生まれている。

「たんぽぽ」は、現在１万９０００㎡の畑を法人職員１名、指導者（高齢の農業経験者など）１名、障がいのある人など４名（精神障がい者１名、知的障がい者１名、高次脳機能障がい者１名、ひきこもりだった青年１名）が働いている。

障がい者の年齢は30～40歳代、精神、知的、高次脳機能障がいなど過去に何度か就労してきたが、辞めて障がい者年金で生活していた人たちであった。障がい者就労支援センターやハローワークを通して採用した。勤務はおおよそ週３日で朝９時から16時までだが、労働時間は本人が決定する。４時間の人もいれば、６時間の人もいる。障がい者も機械を使った作業を行う。

そして彼らには埼玉県の最低賃金８２０円を支払

っている。また、生活保護を受けている若者を担当の市職員の付き添いのもとで受け入れることもある。

いつのまにか多様な人が働く職場に

毎日、朝と夕方のミーティングを行い、「私の今日の仕事」シートに各自が記入して、職員とその日の仕事を振り返る。

事業を始めて6年目の現在は、働く人たち自身が「いま赤字だけど、自分たちで黒字にする」といい、「損益分岐点はどこだ」といったことをみんなで勉強するまでに変わってきた。しかし、すべてがうまくいくわけではない。精神障がい者のサポートはやはり難しく、本人が無理をして頑張っていることに気づくのが遅れて、結局仕事を続けることができずに辞めてしまった人もいる。

ソーシャルファームで働かせてほしいという要望は多いものの、賃金を払い、事業として育てていくための課題は山積みだ。いかにいいものをつくるか、収穫した作物の販路拡大、「たんぽぽ」ブランドの開発や加工品の商品開発も検討している。

「たんぽぽ」がソーシャルファームに取り組むまでには、市民互助型のサポート事業からスタートした30年以上にわたる地域での活動の実績がある。地域にはいろいろな資質を持った人がいて、一人ひとりの力や思いが集まると、どれほど大きなものになるか、その力や思いによって、「共に地域をつくっていく」ことを「たんぽぽ」では意識してきた。そしていつのまにか、子育て中の母子家庭の職員数は全体の3・4％（全職員236名中8名）、障がい者の雇用率は2・9％、職員も65～79歳が40名、70歳以上が24名（高齢化率27％）と多様な人がやりがいをもって働く職場となった。

また、2013年2月には埼玉県初の認定NPO法人格も取得した。隣接する敷地に、ショートステイと研修室、地域医療を支える診療所も建設し、ますます地域での活動を広げている。

2014年4月からは、更生保護の協力雇用主に登録している。地元保護司らと連携し、更生保護の活動にも力を入れている。元受刑者らが社会復帰を果たすには、就労の場は喫緊の課題である。欧米では、更生保護活動のなかで、ソーシャルファームが果たす役割は大きい。

幸島聡・さいたま保護観察所所長（当時。現東京保護観察所所長）は、「非行や罪を犯した前歴を理解して雇用いただけるということで、勇気をもらった。地域の保護司と気持ちを通い合わせながら活動を積み重ねていきたい」と期待を寄せる。

キーワードは「命」

「たんぽぽ」が実施する事業は多種多様で、高齢者を対象とした介護支援や児童を対象とした福祉教育の推進、さらには多様な人たちの働く場を創出するソーシャルファームなどがある。

「たんぽぽ」の活動の特徴として、多様な人材養成の取り組みを挙げることができる。大学生のインターンシップや教育実習生の受け入れ、中学生による職場体験等を通じた将来の担い手育成といった人材養成活動を展開している。

２００１年から飯能市立加治小学校との交流を続けている。さらに近くにある駿河台大学が「ソーシャルファーム」という講座を開設しており、学生が半年間月１回、たんぽぽ自然農園で単位を履修している。

また、日本社会事業大学などの社会福祉士養成課程における実習生の受け入れにも取り組んでいる。そのほか、福祉学習の際の場所の提供や、ボランティアの受け入れなど大学等の教育機関との多様な連携、人材交流をキーワードにした人材育成・養成に対して積極的に取り組んでいる。

障がい者の第一の雇用が授産所、第二が民間企業の２・０％、そして第三の雇用がソーシャルファームだとされ、障がい者だけでなく高齢者、ニートなど、市場には２０００万人も働き手がいるといわれている。

海外では健常な若者がソーシャルファームに希望をもっている。「たんぽぽ」はまだ赤字だが、農業分野だけでなく環境面（清掃、庭の管理等）の技術を習得し、活躍できる場を拡大していきたい。

筆者が「介護」、とくに高齢者介護から学んだことは、「命は循環する」という当たり前の自然の摂理である。

「たんぽぽ」には、地域の小学生が年間を通して訪ねてくる。子どもたちの未完成の若い命が、お年寄りの消えゆく命を支え、また子どもたちは、お年寄りから温かい心を学ぶ。農業の基本は、種をまき育て、収穫し味わう。食材のくずは、有機肥料として畑に還元される。枯れた葉っぱも肥料となる。耕作放棄の荒れた畑が「たんぽぽ」に引き継がれ命がよみがえる。

このごく当たり前の摂理に気がついたとき、介護事業も農業も共通するコンセプトは「命」だということがわかった。高齢者から子どもたちへつながる命、農業も種から芽が出て育ち、そしてまた種を残す。荒れた畑を耕せば、また土地は復活するからだ。

ソーシャルファームの芽が全国に広がっていくことを願いたい。

第６章

あくなき競争社会ではなく協力社会を目指して

～共に働く学び舎から～

農事組合法人共働学舎新得農場 代表　宮嶋 望

「身体は一つの肢体だけではなく、多くのものからできている。――身体のうちで他より弱く見える肢体が、かえって必要なのである。それは身体の中に分裂がなく、それぞれの肢体がいたわり合うためなのである。もし一つの肢体が悩めば、他の肢体もみな共に悩み、一つの肢体が尊ばれると、ほかの肢体もみな共に喜ぶ。」（新約聖書コリント人への第１の手紙第 12 章）

共働学舎構想はこの言葉から始まる。人間のからだについて、それはただ一つの肢体（器官）ではなく、多くの肢体（器官）から成り立っているのだ、と説かれている章だ。

人の社会は身体のようにすべての人を含む仕組みをつくっているはずだが、現実の社会を見ると、すべての人が自分の居場所を見つけているとは思えない。まだ社会が解決できない問題は何かを伝えに来てくれる「メッセンジャー」が共働学舎には集まってくる。

Social Firm

牛乳山のふもとにある第４の共働学舎の始まり

本当に教育を必要としている人の学び舎

北海道の中央部、美しく雄々しい東大雪の山々と日高山脈に抱かれた新得町《しんとくちょう》。人口６３００人余りの町だが、東京都の約半分もある広大な大地に３万３０００頭以上の牛がいることでも有名だ。この町の、通称「牛乳山」のふもとにあるのが、「新得共働学舎」。ここでは、さまざまな理由から社会での居場所が見つからない人、心身に重い妨げを抱えている人たちが働いている。

共働学舎は１９７４年、長野県から始まった。筆者の父親である、故・宮嶋《みやじま》眞一郎が創設者だ。東京の自由学園（東久留米市）で教鞭を執っていたが、目が不自由になり、50歳で退職した。眞一郎は30年にわたって、理想的な人間教育を目指した実践の現場にいたが、退職するときに「いちばん教育を必要としている人に自分の手が届かなかった」という思いがあった。

自由学園は私立学校なので、当然入学試験がある。身体や精神に不安がある子どもたちは試験を突破できない。長年教師生活を重ねるなかで、そういう子どもたちにこそ真の教育が必要だと考えるに至った。そして、彼らの将来の伸びしろに希望を託すのではなく、障がいや病気で教育を受ける場がなかった人、何かの理由で自分が生きていく場を見つけられなかった人たちが、「どうしたら自分のなかに潜んでいる力で生きていけるようになるのか」を考えるようになった。まわりと比べると劣っている面が多いかもしれないが、自分の力の可能性に気づいたり、いま持っているその力で生きられる場をつくりたいと考え、共働学舎の構想を書き上げた。

共働学舎を支える四つの理念

眞一郎が掲げた精神を一言で表すと、それは「自労自活」だ。たとえ心身に重たい困難を抱える境遇にあっても、自分で自分の生活を成り立たせていくということである。

そして1974年、祖父の郷里である長野県北安《きたあ》曇《づみ》郡小谷村《おたりむら》にて、心身にハンディのある人たちとの生活「共働学舎」を始めた。共働学舎は、独立生活を目指す「教育社会」「福祉集団」「農業家族」の願いと祈りをもって始められた。その土台に据えたのは、次の四つの理念だった。

①弱い人間が淘汰される競争社会ではなく
「協力社会を」

「共働学舎は今の社会通念となっている点数によって評価される価値観ではなく、人間一人一人に必ず与えられていると信ずる固有の命の価値を重んじ、互いに協力することによって、個ではできない更に価値のある社会を作ろうと願うものです」

②家族のような強い心の絆でつながった
「手作りの生活を」

「共働学舎は勤労生活を重んじます。生きるためにはどんな人でも食物と住居と衣服が必要です。これらを自らの力で作り出すことの喜びを味わうことが生活の豊かさの大切な要素ではないかと考えます」

③法律や行政に依存するだけではない
「福祉事業への願い」

「肉体的、精神的、能力的、或いは境遇上の様々な差異はあっても、一人一人の生命力をできる限り素直に伸ばせる新しい社会をつくりたいのです。そういう志をもった若者達や少年少女達の協力社会を、自らの手でつくりたいのです」

④誰もが必要な存在になる
「真の平和社会を求めて」

「私達は真の平和社会を求めます。そのためには、自分たちの一番身近な生活の場をそうしなくてはなりません。互いに赦しを乞う祈りなくして真の平和は与えられないでしょう」

福祉の助成金は一切もらわない

新得共働学舎は、宮嶋眞一郎により長野で共働学舎が創設されてから4年経った1978年に、新得町牛乳山山麓に4番目の農場として始まった。

現在の新得共働学舎のメンバーは七十数人（2015年）。七十数人とぼやかしているのは、毎年1

共働学舎野菜組のみなさんの集合写真

人、２人の赤ん坊が生まれ、お母さんのおなかのなかにいる子も含んでいるからだ。障がいのある人だけでなく、自閉症、テンカン、弱視、統合失調症、躁鬱、引きこもり、学習障がい（ＬＤ）、アスペルガー症、ホルモン異常症、サリドマイド症候、舞踏病、ホームレス、ドメスティックバイオレンス（ＤＶ）、刑務所出所者など、社会適応の難しかった人たちや、さまざまな施設で受け入れが困難な人たちと一緒に、生活する場と働く場をつくりだしてきた。また、海外からの留学生やボランティアも受け入れている。

　当初30haだった土地は１００haを超え、バイオダイナミック農法での野菜づくりや、経産牛60頭（育成牛を含め、全頭数は１１０頭）から搾られる乳を使ったチーズづくりなどを行っている。生活に必要な最低限の経費をまかない、自分たちの手で、自分たちの生活を支えている。その感覚がモチベーションを高め、来たばかりのころは心を閉ざしていた人も変わっていく。

〈法人概要〉
組織名：農事組合法人共働学舎新得農場
代表：宮嶋望
所在地：北海道上川郡新得町字新得9番地の1
電話：0156-69-5600
URL：http://www.kyodogakusha.org/
設立年：1978年6月
法人の理念・モットー：「自労自活」
法人実施事業：農畜産業、農畜加工品製造・販売、カフェ運営、工芸品製造販売
年間事業規模：2014年度売上、約2億3000万円

70人以上いるメンバーの半数が、一度は社会に居場所が見つけられなかった人たちである。農場経営に対して農林水産省や自治体からの助成はいただいているが、福祉に関する補助金は一切入っていない。

それぞれ違う悩みを抱えた人が来ると、現行の福祉の法律には該当しない。自らモノづくりをして、販売し利益を生み出さなければ、共働学舎に集まってくる人たちの生活が成り立たなくなる。

困難から抜けだせたのは、品質のよいチーズづくり

新得共働学舎を始めた当初は、経済的に自立することは不可能だったので、はじめは父たちが集めた寄付金が配分された。寄付金はありがたかったが、目先の生活には使わず、生産設備に投資することを決めた。現在は、そうした投資のおかげで生活が成り立つまでに至っている。

現在は、共働学舎の寄付金から年間数百万円あった分配金をゼロにしている。２００９年の共働学舎本部の会議で「２年後に寄付金分配をゼロにする」と宣言した。

しかし、翌２０１０年に口蹄疫《こうていえき》が発生し、全国的に畜産製品が打撃を受け、売上が十数％落ちてしまった。そして、２０１１年には東日本大震災が起きてしまった。地震や津波などの直接的な被害はなかったが、本州の計画停電で出荷先の冷蔵庫が止まり、仕入れを手控えられてしまったり、海を渡れず返品されたり、という事態になった。

そのような困難から抜けだせたのは、商品の価値をあくまで品質にしぼった生産の仕組みをつくりあげたことにある。きちんとした品質のチーズをつくり続ければなんとかなる、という信念をもつようになった。その気持ちは、１９９８年に第1回オールジャパンナチュラルチーズコンテストで「ラクレット」が最高金賞を受賞したり、ヨーロッパの山のチーズオリンピックで「さくら」が２００３年に銀メダル、２００４年に金メダルを受賞したころから強くなった。

Social Firm

アメリカとフランスで感じた共働学舎の方向性

酪農で父の構想「自労自活」を実現する

父が掲げた共働学舎構想は正しいと思っていた。これが実現できれば、多くの悩みを抱える人が生きることの自由や手応えを実感できる。しかし当然、実践することは並大抵のことではない。

当時のアメリカでの研修農場

父の構想に「心を閉ざした子どもたちも動物と接することで心開くかもしれない」という一文があった。これは命と接することで命は活気づくという摂理に根ざしたものだ。中学2年生あたりから一人で夜行列車に乗って岩手の牧場でよく手伝いを行っていた自分にとって、動物といえば牛だった。酪農で自労自活するイメージが浮かんだ。

しかし、物心つく頃から父とは緊張関係にあったので、「自分が外の世界でどう生きられるか、どこまで通用するか試したい、自分の人格が人につくられたものなのか、それとも生来の自分自身のものなのかを知りたい」と思い、日本を離れることを決意した。

大学4年の一学期、卒業論文の研究で北海道へ来ていたとき、岩手の牧場で知り合った友人から米国ウィスコンシン州での酪農実習を勧められた。実習先はブラウンスイスのブリーダーで有名なヴォーゲリーファームだ。モンティセロの町では大きな牧場だったが、米国全体で見れば小さな家族農業だ。

乳牛は全頭で200頭ほど、搾乳牛は80頭ほどで、平均乳量は当時1万kg強。飼料畑は借地も合わせて400ha、粗飼料も穀物も自給している。400haというと、当時の十勝の20倍くらいの大きさである。しかし、農場主は「小規模経営だから付加価値をつけなければならない」といっていた。付加価値は、牛そのものにつけていた。乳牛のブリーデングで遺伝改良を進め、インターナショナル・ディリー・ショー（国際酪農見本市）ではいつもトップを争うほどの実力であった。

日本の農畜産物は戦略物資ではない

その後、実習先の紹介でウィスコンシン大学畜産学部に入学し、酪農学を学んだ。酪農学といえばウィスコンシン大学かコーネル大学といわれるほどで、レベルは非常に高かった。２年間でB.S.（農学士）を取得したが、あのときほど勉強したことは後にも先にもなかった。

米国で身につけた一番重要なことは、学位ではなく、米国の農業・畜産の位置づけを目の当たりにしたことだった。

大学の農業経済の講義のなかで、教授が生徒に対して「君たちはアメリカの威信を肩に担っている。君たちの生み出す農畜産物は国際政治上の重要なArmsだ」といった。ArmsとはArmy、戦略物資という意味だ。さらにこう語った。

「太平洋の端のオイルに浮かんでいる小さな船を見てみろ。この小さな船はいま元気がよく、たくさん動く。だが、勝手に動いてくれては困る。その行き先をリードするのはFeedだ」と。

太平洋の端のオイルに浮かんでいる小さな船とは日本のことだ。人間が食べる食料「Food」ではなく、家畜の餌である「Feed」と教授は言った。日本人を家畜扱いするのかと思ったが、彼は実際に飼料のことを言っていた。日本の畜産を左右する飼料をコントロールすれば、日本自体もコントロールできるというわけだ。

教授が言っていたとおり、70年代後半から米国の戦略は、着実に成果をあげている。極東の工業国、島国日本の食料自給率は39％（カロリーベース、２０１４年度）まで下がり、その一番の原因は穀物輸入である。鶏も豚も肉牛も、そして酪農も、輸入穀物なしでは成り立たないのが現状である。それは、当時から米国に仕組まれたシナリオどおり、米国の国家戦略として日本の食を着実にコントロールして

共働学舎新得農場の牛

共働学舎新得農場の母屋

きたということになる。

そのことに気づき、米国の大手穀物企業や穀物協会からの就職の勧誘を断り、日本に帰国し入植することを決めた。そして、日本への帰路の飛行機のなかで、「あくまで規模と効率を求める米国のような量産体制には日本の針路はない。絶対に米国農業の後追いはしない」と心に誓った。

北海道新得町から共働学舎に申し入れ

1978（昭和53）年6月にウィスコンシン大学を卒業した。米国の大学で学び、日本で酪農に従事したいと望んでも、農業者の息子ではないのですぐには入植できない。そこに、北海道新得町から朗報が入った。

共働学舎に、新得町の町長から「かつて町の育成牧場として使われていた30 haの土地を無償で貸与したい」という申し入れがあった。ただし、共働学舎の看板を掲げ、悩みを抱えた人たちと一緒に生活しなければならない。それでもよいと思った。

現地を見てきた父から写真が送られてきた。とても気持ちよさそうな広大な平地だった。しかし、実際に現地を見に行くと、斜度が20度もある山の土地だった。しかし、この傾斜が急で不利な条件が、後々素晴らしいチャンスをもたらしてくれることになる。

立ち上げのメンバーは、長野の後輩を合わせて6人。はじめは水道も電気もない状態だった。生活に必要なものはすべて一から自分たちでつくらなければならなかった。住宅や牛舎は、ほとんど自力建設で行ってきた。

材料を買うお金を工面して沢から水道を引き、ダムの工事現場から住宅や事務所の使い古したプレハブをもらい、解体し、住宅や最初の牛舎を自力で組み上げた。このプレハブはいまも新得共働学舎にあり、活用されている。

はじめは購入したホルスタインの初妊牛５頭に加え、寄付していただいた１頭の計６頭を放牧しながら分娩、搾乳をしていた。農業協同組合の正会員となる前は、搾った生乳が出荷できなかった。毎日数十kgの乳を処理しなければならなかった。その量を飲むことはできなかったので、無駄にしたくないという一心でバターやチーズに加工し、自家用としてきた。そのときに培ったチーズ製造への思いが、１９８４年に新得町特産物加工研究センターの運営、管理を任されることへつながり、１９９１年までの７年間、同センターで製造技術の研究とマーケティングを行い、どのようなチーズをつくっていくべきかを探った。

３年間の試験期間が過ぎ、１９８１年に正式に土地の契約を結び、農協組合員となり、農事組合法人格を取得した。しかし、当時は生乳が余り、まわりの酪農家が出荷制限を設けられていた時期だったため、みんなでしのぎを削っているところへ新しく生産者が参加することは容易ではなかった。ただ、隣の酪農家の方々の協力のもと、年間14ｔの枠でスタートすることができた。

この厳しい時代のなかで、経営を成り立たせるためには何か工夫をしなければやっていけないと強く思った。

悩みの末に行きついた「ホンモノのチーズづくり」

収支の合う経営を行うためには、機械化を進めスケールメリットを生かす大型化に走るか、もしくは付加価値を求めていくか、二つの選択肢がある。共働学舎の性格上、大型化、機械化に走ることはできなかった。資金もなければ、土地もない。ましてや機械化を進めると、一緒に働いている人たちの仕事がなくなってしまう。彼らはトラクターなどの農業機械やコンピューター等の道具を使うのがうまくないが、身体と時間をいっぱい使ってじっくり手作業することはできる。スケールメリットを求めないのであれば、時間をかけて手作業で付加価値を高めていく方向しかなかった。

当時の北海道では、低温殺菌牛乳やアイスクリーム、ヨーグルトなど、農家個人がつくる製品が出回りはじめたが、共働学舎はこの「足の短い商品」には手を出すことができなかった。悩みを抱えた人たちと一緒に仕事をしているこの牧場では、消費期間の短い商品特有の流行に追いつくことはできない。

では、一番時間のかかる足の長い乳製品はなんなのか。それは長期熟成チーズだ。では、10年後にも必ず買ってもらえる商品はなんだろうか。それは、流行《はや》り廃《すた》りのない「ホンモノ」の商品、ということに行き着いた。

「ホンモノ」というと怪しい言葉に聞こえてしまうが、日本では食品に関しては誰もがなんとなくそのイメージを持っている。自然の恵みとして手にできるものがそのイメージに近いと思う。

日本の食文化は、豊かな森や大地、そして海でできる食材をベースにつくられてきた。古代では「食べもの」とは、人が生産するというよりも自然からそのままいただくものが多かったはずである。そこから長い月日をかけて恵まれた食文化を自然にゆだねながら、つくりあげてきたのが日本人だ。その記憶が日本人の遺伝子のなかに入っているとすると、自然からいただくものが一番のホンモノの味、ということになる。

仏ＡＯＣチーズ協会 ジャン・ユベール会長との出会い

「ホンモノ」のチーズを求めてフランスへ飛んだ。十勝国際交流ネットワークの援助で、十勝の農業の将来を探るために、１９８８年にヨーロッパ視察へ行く機会が与えられた。フランス、スイス、ドイツと巡り、ナチュラルチーズ、有機農業、グリーンツーリズムを見てまわった。

フランス・コルマールで出会えたのは、仏ＡＯＣ（Appellation d'Origine Contrôlée：原産地呼称統制）チーズ協会（ＡＮＡＯＦ）のジャン・ユベール会長だ。ＡＯＣとは、もともとフランスのボルドー地域の伝統的なホンモノのワインを守るため立ち上げられた認証で、チーズやバターなどにも与えられる、大変権威のある認証である。ユベール氏はＡＯＣのチーズ部門の起ち上げに関わり、三代目会長として27年ものあいだ務めた人である。

彼は早くから、アメリカのグローバルスタンダードの考え方に異を唱え、周到な戦略でフランスチーズの価値を高める活動を展開してきた。彼の主張と行動の核には、たった一つの基準で「世界の食料の生産と流通を切り取ってしまうと、古くからある地域ごとのかけがえのない生業や文化を壊してしまう」という危機感があった。

そのために強く打ち出したのが、品質、特徴、個性というものをきちんと認証して保護する仕組みづくり、つまりＡＯＣだった。原産地呼称の法律は、土地に根ざして生きる経済的に不利な人々を守るためにつくられた。

「ホンモノのチーズとはどのようなものか、話しにいこうか？」との言葉に、「十勝に来てください」と即座にお願いし、翌１９８９年の11月に「第１回ナチュラルチーズ・サミットin十勝」を新得町サホロで開催し、ユベール氏を招聘した。２日間にわたる会には、日本中から１８０人ものチーズ関係者が新得に集まり、非常に驚かれた。

新得町、ＪＡ新得、ホクレン、中央酪農会議各団体の支援を受けながら、15回にわたって毎年サミットを開催した。製造技術、衛生管理技術、官能評価法、コンクールのシステムづくりなど、彼の指導、助言を受けながら十勝の手づくりチーズは歩みを進めた。

グローバルスタンダードと原産地呼称

モノづくりがどんどん世界に開かれて自由競争にさらされるようになった現在、日本の農業と酪農業は大きな曲がり角にある。そのなかで日本が打ち出しているのが、「地理的表示」や「原産地呼称」と呼ばれる制度だ。

２０１４年、日本で「地理的表示法（特定農林水

産物等の名称の保護に関する法律)」という法律が成立した。その土地の歴史風土がつくりあげる、その土地でしかできない上質な産品をフェアに守る仕組みだ。フランスチーズでいえばカマンベール、ロックフォール、マンステールなどのように、地名を掲げて個性を打ち出しているものをきちんと評価して、法的に保護していくことに踏み出している。TPP(環太平洋戦略的経済連携協定)という強烈な外圧に対しても、これは有効なツールになり得る。

かつて、ボルドーなどのブドウ農家やワイナリーは、ボルドーの土地で正しい仕様書に基づいてつくられたワインしかボルドーワインと呼べない、という仕組みをつくった。それがAOCワインだ。チーズも同様で、カマンベール地方で土地の仕様書でつくられたチーズだけがカマンベール・ド・ノルマンディ(カマンベールチーズ)と名乗ることができる。

御山の大将ではなく、もっと世界に目を向ける

一方で、日本のチーズ工房がもう、フランスのカマンベールやロックフォール、コンテといったチーズの安易な真似ができないということも意味する。これが重要なポイントで、日本のナチュラルチーズの長かったコピーの時代が終わりを迎える。

そこで理解しなければならないのが、自己流で自分がつくったものが一番と思っていることと、世界に通用する一流は全く別物だということだ。「自己流を脱して、世界に通じる普遍的な一流」へと脱皮することが必要である。そこで軸になるのが、自分たちが住む土地である。自分がどんな土地に暮らしてどんなチーズをつくっているか、ということを繰り返し客観的に考えてみる必要がある。

その土地ならではの高い品質を持つ産品をつくり、地域の人々がそのモノづくりの仕組みを、商品を買うことによって支える。そして、国も制度で活動を守り育む。こうした原産地呼称という考え方は、安さや規模、効率ばかりを求め、世界のマーケットを単純に支配しようとするアメリカ流のグローバルスタンダードに対してとても有効な楯になる。

Social Firm

品質が認められ経済がついてきた

「運ばない」乳を痛めない生産システム

１９８９年に「第１回ナチュラルチーズ・サミットin十勝」のために来日したユベール氏に「あなたのいうホンモノのチーズをつくるのに一番大切なことは何ですか？」と聞くと、即座に返ってきた答えは「乳を運ぶな！」というものだった。その答えのなかには、トレーサビリティを守る、乳を劣化させない、という二つの大切な本質が含まれていた。

しかし、当時の北海道では１９８１年から、搾った乳を急速に冷却するバルククーラーを各戸に設置し、タンクローリーで集乳しなければ生乳の出荷はできないという状況であった。ユベール氏の提案は、それに逆行する提案だった。牛乳は液状なので、タンクローリーに入れられた瞬間にトレーサビリティが切れてしまうが、自分のところだけでつくれば安全証明につながっていく。

共働学舎チーズ工房

「ホンモノのチーズは自然の賜物《たまもの》と人間の工夫により生まれたものであり、経済性の追求、機械化の結果ではない」と、条件の不利な土地で素晴らしいチーズをつくり守ってきた人々に敬意を表してユベール氏は語った。この考え方と共働学舎の現実が一致し、その年のうちに図面を描き、建設費やその後の事業計画を作成した。

高低差を利用したポンプを使って乳を運ばなくて済む牛舎、搾乳室、チーズ工房は、新得町や農協の協力もあり、１９９０年に畜産基地建設事業（北海道開発局）の補助金などを含めて、１億１２００万円を集め建設された。

自然流下の乳の搬送

乳を痛めないためにポンプを使わなくて済む仕組みをつくろうと、搾乳室からチーズバット（チーズ製造の過程で原料となる乳を入れるバット）まで自然の傾斜を利用して配置をし、落差を用いての自然流下式にした。

一般の大手メーカーのチーズづくりは、牧場から工場へ運ぶ原乳を使っている。遠心分離機を使って、原乳に含まれる小さなゴミや細菌を分離している。当然、チーズづくりに大切なタンパク質、クリーム粒子などの乳質が劣化し、カルシウムが酸化し、痛みにつながる。そのため、塩化カルシウム、水酸化カルシウム、乳酸カルシウムなどのカルシウム剤を使わないと凝固しなくなる。これらを使いすぎると苦みの原因になってしまう。しかし添加剤が使われていても、食品表示にはキャリーオーバーで表示されていない。

一方で、自然流下で乳を搬送すると、ポンプを省き乳の劣化を防ぐと、雑菌の増殖を抑えられる。そのことで熱処理を最低限に抑えることが可能となる。これは微妙な味を追求する上では非常に有利に働く。また乳由来のカルシウムを最大限利用することができる。

共働学舎で飼っているブラウンスイス

飼育している牛は、放牧や粗飼料に向いていて、タンパク球の細かい乳質がチーズづくりに最適なブラウンスイス種だ。ブラウンスイス乳は、熟成中の水分の減少率が少ない、チーズにしたときに20％以上ホルスタイン乳より歩留まりもよい、長期熟成チーズの熟成中に抜けていく水分が少なく熟成がスムーズに行く、また金銭的なロスが少ないことが報告されている。牛の飼い方は、管理している110haのうち、46haの牧草地での放牧を基本としている。

小さな工房では、このような工夫をすることで無駄を省き、効率化を図り、コストを軽減し、高品質なチーズづくりが可能になる。それでなければ、大きな工業化された工場生産と競争することなどできないのである。

バイオダイナミック農法

質のいい食べものをつくるために、自然農法について探求した。自然農法は、日本では岡田茂吉氏（1882～1955）や福岡正信氏（1913～2008）、そして書籍『奇跡のリンゴ』、『自然栽培ひとすじに』で一躍注目を浴びた木村秋則氏、自然農の川口由一氏らが提唱してきた農業である。

バイオダイナミック調合剤攪拌の様子

自然農法で一つ困ったことがあった。それは、自然農法で重視する有機物の循環には、家畜ふん尿は含まれていないということである。共働学舎は牛110頭、豚40頭、そして鶏、羊、馬も飼っている。動物たちの排泄物をきちんとよい土に戻していかなければ、農場として成り立たない。

そこで、家畜の牛ふん尿が土づくりに一番よい材料だと唱える、バイオダイナミック農法を取り入れることにした。バイオダイナミック農法は、オーストリアの哲学者ルドルフ・シュタイナーが提唱した農法である。

化学肥料や農薬を使わない点では自然栽培や有機農法も同じだが、異なるのは土壌と植物、動物の相互作用だけでなく、植物に影響を与える天体の動きにも着目した農法という点だ。家畜を含めた農場そのものを有機的な生態系として捉えている。

現在、ドイツやイギリスなどのヨーロッパをはじめ、オセアニア、アメリカ、北欧などで広く実践されている。詳しくは、『いのちが教えるメタサイエンス――炭・水・光そしてナチュラルチーズ』（地湧社、2011年、宮嶋望著）をごらんいただきたい。

保健所長からのお墨付き

共働学舎では、電気をあまり使わず産業革命以前の技術を中心にチーズをつくることを目指した結果、牛舎とチーズ工房はとても近い距離の配置となった。牧場でチーズ加工をするのは、衛生上管理が難しい。建設に当たって保健所に申請をしたときに「衛生上問題があるので、食品加工場と畜舎は50m以上離してください」といわれた。理由は、臭いとハエと汚水処理である。

しかし、解決できないものと思われているが、「解決できるならばよい」ともいわれた。その背景として、当時新得町に保健所の本庁があり、そこの所長が許認可の権限を持っていた。所長は地域の精神障がい者の管理も担っていた。共働学舎が、自閉症やテンカンの人など多くの地元の人を受け入れて、行政からの補助もなく暮らしていることを知っており、農場を応援したいと思ってくれていたのである。所長がお墨付きを出したということは、失敗したときの責任のリスクまで負ってくれたということだ。本当にありがたいことである。

衛生上の課題を解決するために着目したのが、エネルギーが適正に流れる場をつくるということだった。

生命体には、微弱な電気の流れがある。微生物から動物、植物まで、それが生きている現場で適正な電位を持つことができれば、よい生命活動（発酵）が起こる。逆に電位を持たせられないときには腐敗へと進む。これは、生きている肉体は腐らないが、死んだ死体はなぜ腐るのか？といった疑問から導き出された考え方である。「生きている」エネルギーの循環する環境（マイナスイオン電子が流れている）を維持することで、微生物は人間にとって都合のよい共生機能を発揮してくれる。

チーズづくりとは、まさに微生物を利用して生産しているのだが、別のいい方をすれば「発酵作用」「微生物の拮抗作用」を活用した畜産の現場を維持し、微生物が安心してチーズをつくっていける乳をチーズ工房に流し続けていけるようにしていくということを実践している。

炭を使い、電子の流れをつくる

共働学舎では、炭埋《たんまい》と呼ばれる手法で、牛舎やチーズ工房、住宅の下に炭を埋め、その場で電子エネルギーを循環させている。

炭素は周期表において第14属（炭素属）に属し、集電子効果があり、乾電池等に利用されている。乾電池と同じ原理で地面に炭素棒を埋設すると、地中を流れる地電流（マイナス電子）を集め、地表へ放出してくる。炭の有用性は、ペルーのインカ帝国や縄文時代の三室遺跡（福井県）にも見ることができる。

地面から吸い上げられた電子は上に流れるが、それがそのまま抜けてしまうだけでは、よい環境は生まれない。吸い上げられた電子を建物のなかにとどめておくために、農場内の建物はすべて木造である。鉄材だと電子がそのまま上に逃げていってしまい、効率が非常に小さくなってしまう。

炭を埋め、木造の建物にした結果、乳酸菌をはじめとする有効菌が牛舎内で活性化し、牛舎の消臭につながり、ハエがわかなくなり、ふん尿処理、汚水処理が軽減されている。

牛舎の床は微生物が活発に活動している発酵床（バイオベッド）とすることで、発酵菌が出す酵素がハエの羽化（さなぎからハエになる）を阻害することが帯広畜産大学の研究で証明された。ふん尿は発酵床に落ちることでただちに分解が進むので、臭いがない牛舎になる。

もっと重要なのは、微生物により病原菌の侵入を防げていることだ。大規模化、機械化をするということは家畜をコンクリート、鉄筋、電気器具で囲い込むということになる。これは家畜環境から見れば、家畜の飼育されている空間からマイナス電子を奪い、場の電位を低めていくことになる。病原菌と拮抗関係にある微生物の働きが弱まり、病原菌の侵入を許してしまう結果になってしまう。家畜の免疫力の低下で困っている大規模農場のことをよく耳にするが、機械化したからこそ、微生物をいかに活かすかということを考え、その手法を取り入れる必要があると思う。

通常の農家の10倍の人数が生活している共働学舎の経営戦略

共働学舎の場合、人数＝労働力という図式は成立しない。悩みを抱えた人たちが生産力となるまでには何年もかかることもあるし、また生産の場面では力にならずとも、生活面で活躍するものもいる。

限られた生産規模で一般農家の何倍もの人数が生活をしなければならない共働学舎では、規模の拡大で機械効率を上げ、人件費節減で収益を上げる方向は適さない。また、原材料出荷型の経営では、価格決定は市場や政府に委ねられ、競争に勝ち残るためには、コストを下げ低価格に対応しなければならない。これでは収益性は向上しない。

一方で、二次、三次加工を行い、付加価値をつけ、販売、サービスまで手がければ、収益性は飛躍的に向上する。いまで言う、六次産業化や農商工連携の考えだ。そのためには、設備投資も技術導入も必要だし、労力の質も上げなければならない。労働の質は、他から導入するのではなく、共働学舎の目的でもある「働く人間を育てること」で確保していくことが一番安定する。それ以上に課題となるのはどんな品物を生産するかということである。

すべての土台である土壌の生産性を向上させ、「安全でおいしく、自然な風味を持つ食べもの」を生産することが、最も収益性を上げる方法だと考えた。「安全でおいしく、自然な風味を持つ食べもの」を生産するために、土も、作物も、家畜も、環境も、そこで働く人間も、自然が本来持っている姿に近づけるような生産システムを検討した。それは、牧場内の有機物を、いかに効率よく無駄なく、自然の生態系に沿った使い方ができるかどうかが鍵となる。そこで、土壌微生物を生かすこと、そのための微生物をコントロールする物理的環境を整えることで、有機物循環を低コストでスムーズに行える体系を組むことにした。

ナチュラルチーズコンテストと山のチーズオリンピック

現在の共働学舎のチーズ工房は、１９９１年に建設した。当時、金融機関はナチュラルチーズづくりがビジネスとして成立するとはまったく思っていなかった。金融機関を説得するために、緻密な事業計画を組み立てた。

チーズ工房が完成し、いざチーズを販売すると、まったく売れなかった。日本のチーズの市場の多くは、いわゆるフランス流の「ホンモノ」のナチュラルチーズの濃い味に慣れていなかった。１９９８年にその風向きが変わり始めた。ユベール氏に勧められて取り組んでいたラクレットが「第1回オールジャパン・ナチュラルチーズコンテスト」で最高金賞を受賞した。ここから現在につながる針路が示し出されてきた。

次なる転機は国外にあった。２００２年に十勝に来てくださったフランス農務省のリポー氏が、本場ヨーロッパ「山のチーズオリンピック」へ出品するきっかけを与えてくれた。

山のチーズオリンピックは、標高６００ｍ以上で、傾斜が20度以上あり、放牧しかできないという厳しい条件下にあるフランスやスイスなどの小規模な牧場のチーズ工房が、自分たちの手で２００２年から立ち上げた国際コンテストである。世界のスタンダードである、機械化・大量生産でつくられたチーズより、土地に根ざして風土とともに生きている自分たちのチーズこそが、一軒あたりの生産量は少ないものの高品質で経済価値の高いことを、オリンピックと銘打って国内外にアピールすることを決めた。

「さくら」の誕生と山のチーズオリンピックのミッション

山のチーズオリンピックで共働学舎が受賞したのは、第2回の２００３年、開催地はフランスのラ・ルース。

出品するからには、日本で売りやすいように、日本人の嗜好に合っていて、世界のチーズに類を見ないもの、しかもヨーロッパのコピーではなく、日本の個性をもたせたチーズを考えた。そこで生まれたのが「さくら」だった。

「さくら」は、カマンベールチーズで通常使うペニ

2004年山のチーズオリンピック（スイス）
金メダル＆グランプリ受賞時

シリウムというカビはつけず、ジオトリカムという酵母を使って白さを際立たせた上に、桜の香りをほのかにつけたソフトタイプのチーズである。桜の花の塩漬けをトッピングすると、日の丸のイメージにもなる。しかも新得町の樹は「エゾヤマザクラ」。こうした個性と味わいが評価され、14カテゴリーあるうちの白カビソフト部門で銀賞を受賞した。自分たちがやってきたことが世界に通じた瞬間だった。

　次の年、２００４年の開催地は、スイスのアッペンツェル。昨年と同じく「さくら」を出品した。前年は表面に少し青カビが出てしまい、ピカンテと呼ばれるピリッとした刺すような辛さも部分的にあった。今回は、水分量を調整するなどして、この青カビを抑える工夫をした。

　この年、「さくら」はフレイバーソフトチーズ部門の金メダルを獲得し、その上で14あるカテゴリーを三つにくくった（フレッシュ、ソフト、ハード）うちのソフト部門のグランプリまで受賞し、八百数十点のうちの最高賞までいただいた。会場は大騒ぎだった。さすがオリンピック。ステージに日の丸が揚がり、楽団が君が代を演奏しはじめた。

　その日のフランスやスイスのニュースでこの様子が放映された。その内容は、「時計、カメラ、車と、次はチーズまでもメイドインジャパンが進出してきた」というものだ。チーズを含めた料理の世界で、日本人がヨーロッパでトップに立つということは極めて稀なことだった。ユベール氏が応援している日本人、ということも追い風になった。

　表彰式で強く印象に残っているのは、銅メダルのフランス人が、ぎゅっと握手した手を離さず言った言葉だ。「来年絶対来いよ！　お前にはミッションがあるんだ」と。

「来年来いよ」というのは、「勝ち逃げはなしだぞ」

という意味だろう。でもミッションとはなにか。それは、規模や効率ではなく、土地に根ざした品質と個性で経済価値をつくりだす山のチーズの考え方を、日本やアジアにしっかり伝えてくれ、ということだ。

新得共働学舎のチーズづくりの骨格は、ここに定まった。そして、いまも山のチーズオリンピックが掲げる理念を具体化すべく、日本全国、そしてアジアを飛び回り、その地域に根ざしたチーズづくりを伝道している。

Social Firm 新得共働学舎が目指すもの

マザー・テレサを訪ねて見えてきたこと

父と一緒に、来日中のマザー・テレサを東京で訪ねたことがあった。彼女のドキュメンタリー映画を撮っている方が共働学舎のことを伝えてくれて、会ってくださることになった。共働学舎の理念と実践を説明し終え、「自分もあなたのように世界に出て困っている人たちの力になりたい」と言った。すると彼女は、「あなたは何を言っているの！」と怒り出した。

彼女は、「飢えた人、裸の人、家のない人、体の不自由な人、病気の人、必要とされることのないすべての人、愛されていない人、誰からも世話されない人のために働く」ことを自分の仕事にしていた。１９５２年にインドのカルカッタで、貧困や病気で人生の最後に家もなく病院にもかかれず、葬式も出してもらえない貧しい人々の最期を看取る、「死を待つ人々の家」という施設をつくって活動していた。死期の近い貧しい人々が最も必要としている、人間としての尊厳をもたらそうとする取り組みだ。東欧の彼女の故郷で、砲弾が飛び交う戦地のなかに取り残された障がい児たち40人を命がけで救ったこともあった。彼女が救出にいく日、突然両軍は休戦宣言を下した。

彼女は、「心が一番飢えているのは日本の子どもたちじゃないの？」と問いかけてきた。日本がつく

新得町都市農村交流施設「カリンパニホール」

るもの、経済、教育は世界のトップレベルにあるのに、そのことが必ずしも子どもたちを幸せにしていないことを、ちゃんと知っていた。「あなたは日本のそういう人たちのために仕事をしているのでしょう？　すぐそばにいる彼らを助けることもしないで、あなたはほかになにをしたいっていうの？」

一言も返せなかった。その言葉で自分の針路がしっかりと見えてきた。外に気を取られすぎず、自分たちの農場がある土地にしっかりと根ざしながら、できることを一つひとつやっていこうと、自分自身に誓った。

新得町都市農村交流施設「カリンパニホール」

2015年4月下旬、農場内のミンタル（ショップ&カフェ）の横に、新得町都市農村交流施設「カリンパニホール」がオープンした。カリンパニとは、アイヌ語でエゾヤマザクラの意味。新得町の樹であるエゾヤマザクラに、共働学舎の看板チーズである「さくら」を掛け合わせた名前だ。設計は、北海道科学大学建築学科川人洋志教授が担当した。

カリンパニホールは、社会的弱者の就労を支援する「ソーシャルファーム」を十勝で推進する、「十勝ソーシャルファームツーリズム研究会」の活動拠点となっている。共働学舎のチーズづくりや生活を学びに訪れる人や、チーズづくり体験、農業ツーリズムや地域福祉のワークショップ、新得町の食・農・自然、アウトドアの情報発信といったさまざまな求めに応じ、十勝・新得町の四季に開かれた場である。

共働学舎は、自分たちの生き方を示すためにやっているのではない。社会のなかに居場所をなくした人、生きる意味を実感できない人、さまざまな困難を抱えて生きなければならない人たちと、共に働き、共に生きていく場所をつくっていく必要がある。自分たちだけが、「清く正しく生きていける」という閉鎖社会であってはならず、人と人とのつながり、人のなかに隠れている宝物を引き出しながら、地域で生かす活動をしていかなければならない。より地域のなかに溶け込んだ活動を意識するようになった今日、人々の交流を目的とする「カリンパニホール」はその象徴となった。

自己決定の連続が幸せ感につながる

共働学舎では、福祉施設のように、指導員、保育士、栄養士、調理師、事務職等という肩書きは存在しない。つまり、誰かが誰かを管理するという関係がないことになる。必要に応じて、メンバーの個性と能力に応じて、全員で責任を分かち合い、問題解決を行っていくという関係である。

農場の生活のなかでも、メンバーは各仕事を通して、自分にあった仕事を見つめ、それを行っている。その仕事は決して固定的なものではない。気に入っていれば、ずっと続ければよく、午前と午後で違う仕事をするメンバーもいる。

毎朝、朝食後、その日の仕事を自らがみんなのいる場で発表する。その日にすることは、誰かが指示をするのではなく、全員が自分で決定する。「今日は野菜の皮むきをします」「畑に出ます」「掃除をします」、あるいは「今日は休みます」と。みんな無理のない範囲で仕事をするので、ストレスは少なくて済む。自分の意思でやりたいことを自らが責任を持ってやるということが暗黙のルールになっている。

このような生活は一般の企業と比べれば、問題は続出し、能率は上がらず、生活は楽にはならないことになる。けれども、人と人との裸のぶつかり合いを通し、変わるはずがないと思われていた人でも、着実に変わっていく。それも自信を持って自ら働く姿へと。

日本の福祉の枠に当てはまらない共働学舎

共働学舎は、社会福祉法の枠に入らないので、設立以来、任意団体として寄付を集めながら活動を行ってきた。しかし、国税庁からの指摘があり、2006年4月4日に「NPO法人共働学舎」を設立申請した。入会金1000円、年会費6000円である。2014年度現在、会費収入は約3000万円、寄付金収入は約2000万円となっている。NPO共働学舎の経常収入全体の約半分近くを会費収入、寄付金収入が占めている。

今後、生産収入を上げることはもちろんだが、共働学舎の理念を広げ、より多くの支援者をもつことが、結果的に共働学舎全体の収益を上げることにもつながる。

2006年に任意団体をNPO法人化したときに、「新得共働学舎の生産額を入れてしまうと、収益事業の規模が大きくなりすぎて、NPO法人にはそぐわない」という指摘を受けたことにより、収益部門と捉えられる生産部門を農事組合法人として残すことにした。新得共働学舎の運営体制を考えるときは、NPO共働学舎と農事組合法人共働学舎新得農場が並列してあることになる。

この二つの法人間の関係は、労働委託という形でつなぎ、労働委託費を農事組合法人はNPO法人に支払い、その対価として労働提供をNPO法人が農事組合法人に行っている、という仕組みで成立している。ただし、いっしょうけんめいみんなが働いた農事組合法人の収益は、一般企業と同様税金がかかってくる。これをどうにかして解決する仕組みが必要になってきた。

ソーシャルファームとマディソンモデル

１９７０年代の同時期に、イタリアではソーシャルファーム、アメリカではマディソンモデル、そして日本では共働学舎という取り組みが始まった。

ソーシャルファームは、精神病院の入院患者が病院を出て、サポートを受けながら地域で働くことが有効な治療になるはずだと、イタリアのトリエステで生まれた仕組みである。やがて精神病院の枠を超え、心身に負担を持っている人々のケアにも広がり、利潤を追求するのではなく、社会的な課題をビジネスの手法を取り入れながら解決する事業としてヨーロッパをはじめ、世界全国へ浸透していった（第1章参照）。

一方、アメリカでも、１９５０年代から脱施設化を開始したが、知的障がい者と同様に精神障がい者も地域での十分な支援がないまま、地域へ送り出されていた。それゆえ、ホームレスになったり、安いホテルや集合住宅に住み込んだり、入退院を繰り返したりといった生活を余儀なくされた。

そこで、１９７０年代、アメリカ中西部に位置する人口５６７万人のウィスコンシン州は、各郡で地域基盤の支援と入院治療に対する責任を持つように規定し、ケアの連続性を展開するために、信頼できる地域基盤を入院に代わる選択肢とする活動を開始した。なかでも、人口約22万人の州都マディソン市を拠点とした精神保健の地域サービスは、地域支援の先進事例として「マディソンモデル」と呼ばれ、世界数十か国に紹介されている。マディソンを含むデーン郡には18機関40プログラムが継続的で切れ目ないサービスを提供し、利用者は約２０００人、約9割がアパートで暮らしている。

共働学舎が進むべき方向は？

共働学舎も、ソーシャルファームやマディソンモデル同様、１９７０年代に始まっているが、日本社会のなかでシステムとしてきちんと作用しているかというと、そうはなっていないのが現状だ。今後、どのようにして理念と運営体制のバランスを取っていくのかという課題がある。

新得共働学舎では、社会に結びついた仕事場をもって、そこで賃金をもらって自分たちの生活を賄っている。ただし、障がいや悩みを持つ人と一緒に暮らして、彼らをケアするための場所を確保する必要がある。教育費も必要だ。それらは事業からの収入で賄うことは難しい。だから、地域として彼らが安心して生活していけるシステムをつくれないかと模索している。こうしたやり方を支える公共の枠組みは、いまのところない。しかし、未来に向けて行政を動かすためにも、この仕組みを定着させていきたい。

未来の社会を照らす一筋の光へと

その解決の糸口が、ソーシャルファームにあるのではないだろうか。

ドイツでは、投資補助金・貸付金、障がい者への給与支払いに関する税制支援、障がい者の低い生産性を補償するための補助、ビジネスコンサルティングを受けるための補助、非営利企業と見なすことによる税制優遇策などを通して、ソーシャルファームを政策的に支援している。その投入された公的資金の最高150％の金額が、税金および社会保険料として政府に償還されるという。これは、補助というよりも投資というにふさわしい。ぜひ、このような仕組みが日本社会でも可能になることを願っている。

そして、ソーシャルファームでつくられたホンモノの商品を買う、その買うという行為そのものが負担を抱えている人たちのサポートになる、という仕組みをつくっていけたらと考えている。

共働学舎が今後の社会を導き照らす一つの光となることを期待し、経済活動のみに偏ることなく、どんな境遇の人たちも力を合わせて「共に生きる」という道を示し続けたい。

第７章

更生保護と就労に向けた支援と農業のもつ可能性

更生保護法人清心寮 理事長　清水 義悳

犯罪や非行を犯した人も、裁判を終え、処分を受ければ、いずれ社会に戻ってくる。更生保護は、再び犯罪や非行に陥らないために、地域社会のなかで、その人たちの立ち直りを導き、善良な社会の一員として自立し、改善更生することを助ける仕組みだ。

更生保護と農業との結びつきは、歴史は古いが、いま再び着目されている。更生保護における就労支援に、ソーシャルファームを土台にして農業、農産加工など「農」のもつ可能性に再び焦点をあて、「農」から始まる地域社会づくりの取り組みを学び、継続し、発展していこうとする動きが日本全国で広がっている。

Social Firm

わが国における再犯の現状

3割の再犯者により6割の犯罪が行われている

わが国の一般刑法犯（窃盗を除く）の認知件数は、2004年に58万1463件と戦後最多を記録したあと、2005年から減少している。検挙件数は、2007年から減少している。検挙率については、1998年まで70%以上で推移していたが、2000年から急激に低下し、2004年に37・8%と戦後最低を記録した。その後、緩やかな上昇傾向にあり、2014年は前年より1・1ポイント上昇し、43・0%であった。一方で、再犯者率（検挙人員に占める再犯者の人員の比率をいう）は、1997年（27・9%）から一貫して上昇し続け、2014年は47・1%（前年比0・4ポイント上昇）であった。

再犯を防止することが最優先課題であることを示すデータがある。

法務省では、1948年から2006年までの間に刑が確定した人のうち、初犯者・再犯者の区別を

再犯防止に向けた対策としてのソーシャルファーム

政府は、「世界一安全な国、日本」を復活させるには、刑務所や少年院を出た人が犯罪を繰り返さないようにすること、すなわち再犯の防止が極めて重要であると考えている。そこで、2012年7月、全閣僚が出席する犯罪対策閣僚会議において「再犯防止に向けた総合対策」が決定された。

再犯防止のための重点施策の一つとして「就労の確保」が盛り込まれたことを踏まえ、保護局において、労働市場で不利な立場にある人々のための雇用機会の創出・提供に主眼を置いてビジネス展開を図る企業・団体等（ソーシャルファーム）を活用した新たな就労先確保策について検討することになった。

図7-1　３割の再犯者によって６割の犯罪が行われている

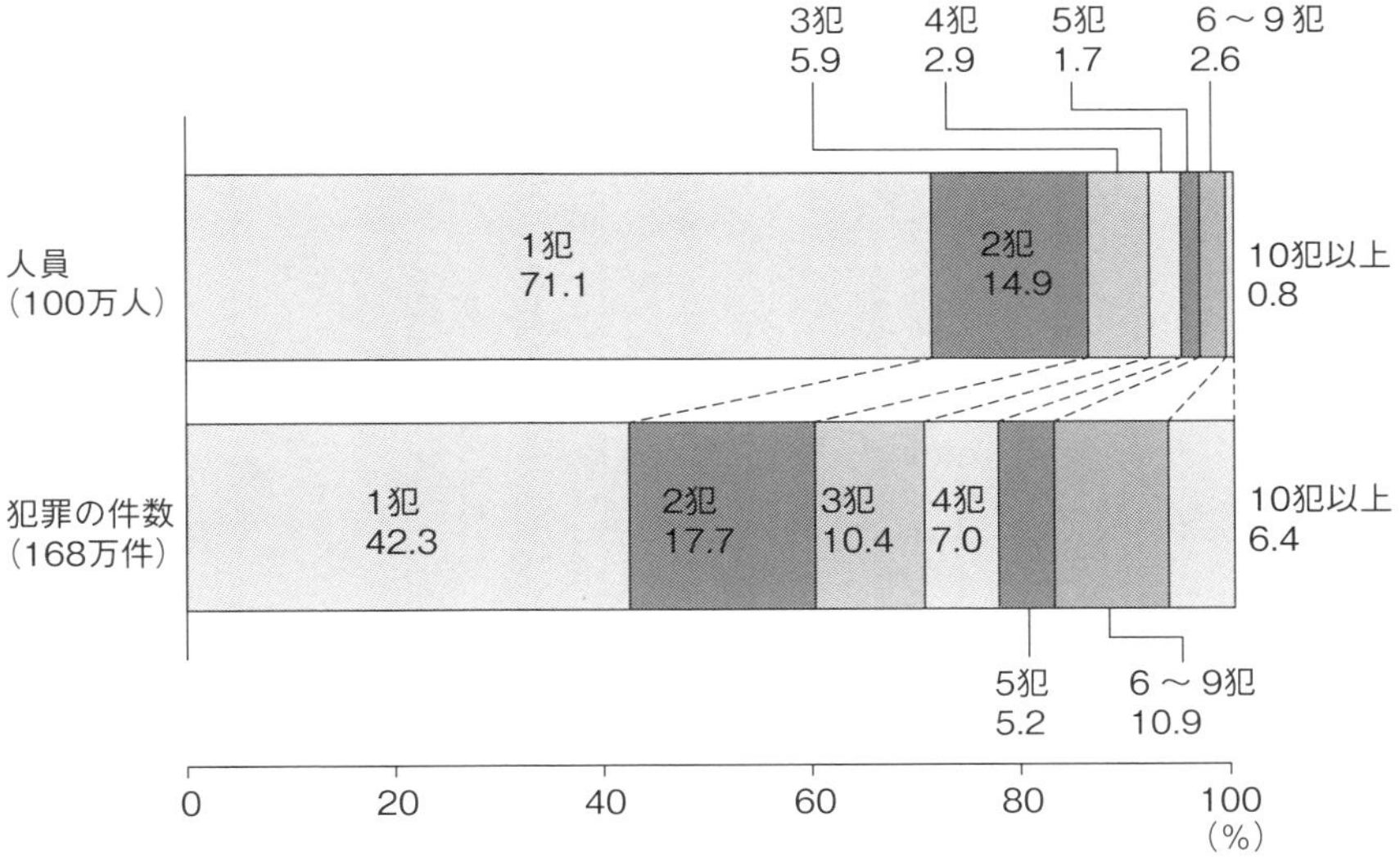

注　法務総合研究所の調査による。

せずに刑が確定した１００万人を無作為に抽出し、再犯の全体像や経年による再犯の傾向の変化等の調査分析を行っていた（平成19年版犯罪白書）。

抽出した事件について、犯罪者別に見てみると、初犯者が71・１％を占めているのに対して、再犯者は28・９％にとどまっている。ところが、犯歴の件数構成比を見ると、初犯者による犯歴は42・３％にとどまるのに対して、再犯者による犯歴は57・７％を占めている。つまり、約30％の再犯者によって、約60％の犯罪が行われているということである。

このように、犯罪対策において再犯の防止は非常に重要であり、安全・安心に暮らせる社会を構築する上での大きな課題となっている（**図７－１**）。

右のような再犯率の増加は入所受刑者の状況にも反映している。入所受刑者人員のうち、再入者の人員および再入者率（入所受刑者人員に占める再入者の人員の比率をいう）の推移（最近20年間）を示した（**図７－２**）。

再入者の人員は、１９９９年から毎年増加した後、２００６年をピークに減少傾向にあり、２０１

図 7-2　入所受刑者人員（初入者・再入者別）・再入者率の推移

①総数

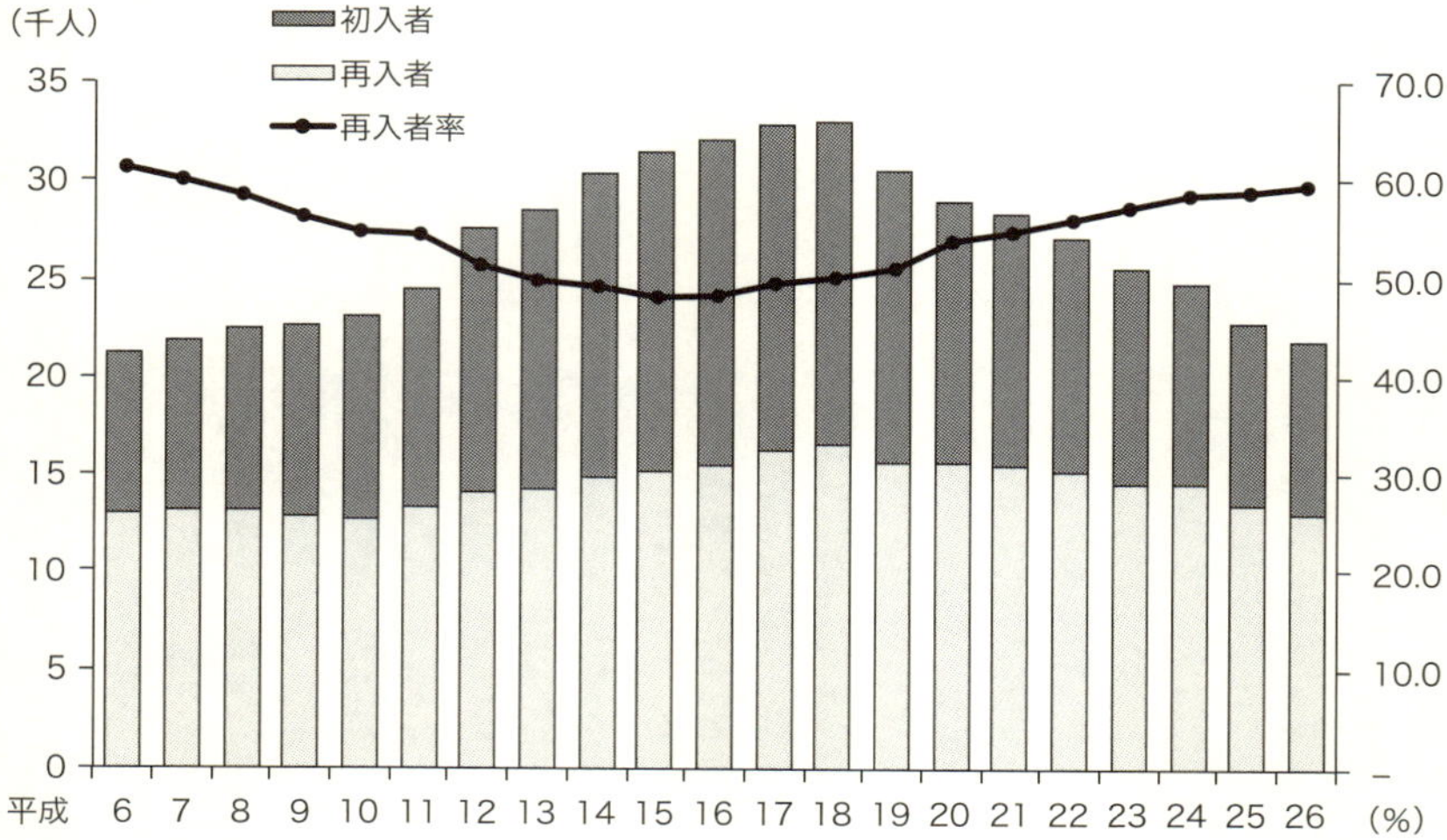

注　法務省「矯正統計年報」による。

４年は１万２９７４人（前年比３・２％減）であった。再入者率は、２００４年から毎年上昇し続けており、２０１４年は59・３％であった。

女子について見ると、再入者の人員は、１９９９年以降増加傾向にあり、２０１４年は９９６人であった。同年における再入者率は、46・９％であり、男子と比べて低いが、２００５年からは毎年上昇し続けている

高齢者による再犯率の増加

近年の一般刑法犯の検挙人員は、全般的に高年齢化が進んでいる。60歳以上の者の構成比は、１９９４年には６・３％（１万９５０５人）であったのが、２０１４年は、24・８％（６万２３９９人）を占め、刑務所人口のほぼ５人に１人が60歳以上だ。高齢者犯罪が増加した結果、刑務所によっては内部が福祉施設化している。

その大きな要因として、高齢者による再犯率の増加が考えられ、60歳以上の出所者のうち、約25％の人が２年以内に再入所している（**図７−３**）。

図 7-3　一般刑法犯検挙人員の年齢層別構成比の推移

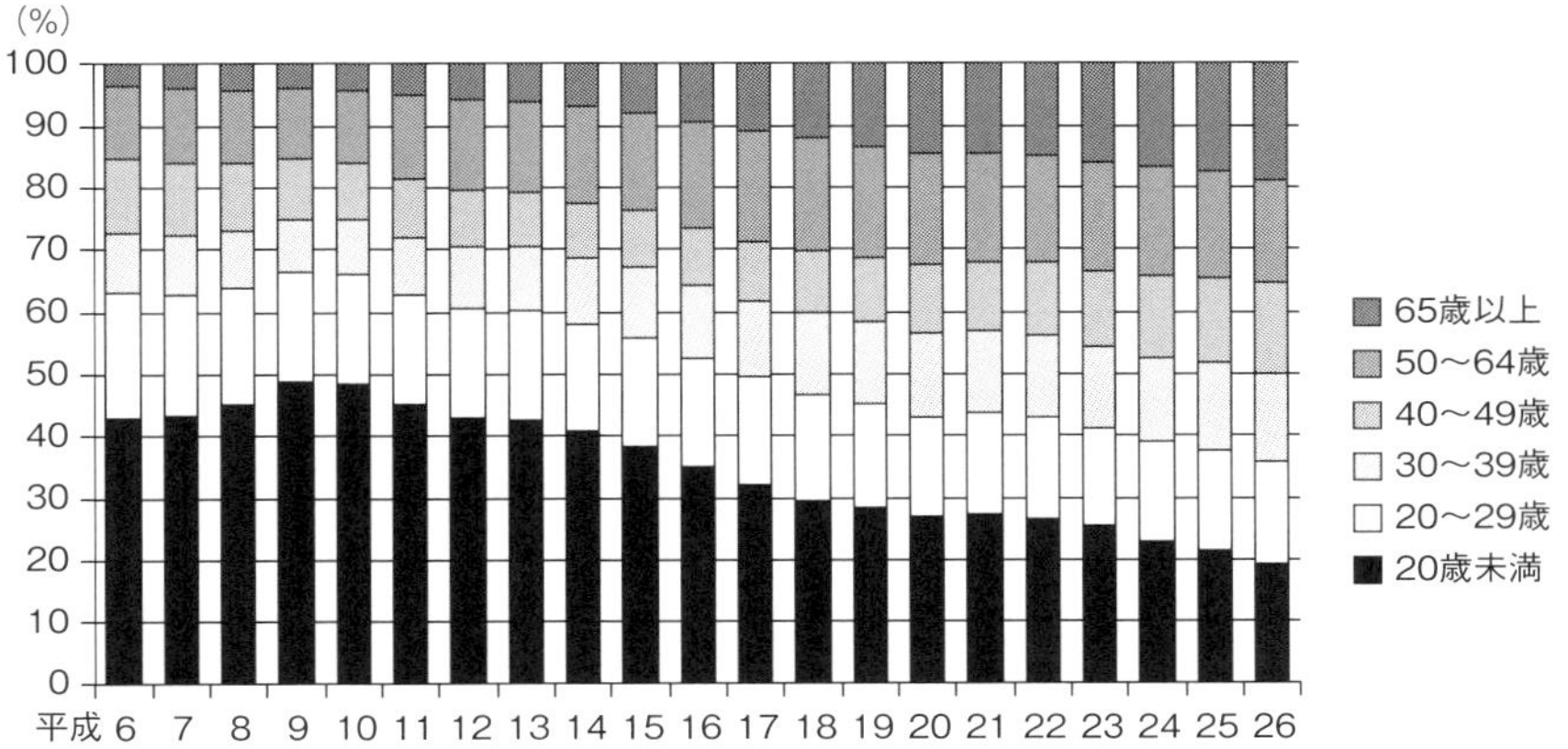

注１　警察庁の統計および、警察庁交通局の資料による。
　２　犯行時の年齢による。

高齢者になると、親族がおらず、住居の確保や金銭的な支援が難しいため、出所後の社会復帰が難しく、矯正施設の出入りを繰り返している。累犯防止に対応するため、日本政府は、帰る場所のない高齢出所者を支援するプロジェクトを進めている。

出所受刑者の出所事由別累積再入率

仮釈放、つまり刑期の終了の前に出る人たちは、満期釈放者と異なり、出所後は刑期の終了の日まで社会のなかで保護観察所の指導を受けることになる。仮釈放には帰住先があることや、引受人がいることが条件になる。保護観察に付されると一定の遵守事項を守らなければいけないし、行動制約がかかる。仮釈放者はきちんと帰る場所があって、なおかつ、保護観察官から社会適応に向けた指導や助言を受けられることになる。

満期釈放者は、出所後は一般社会人とまったく同じような状態に置かれる。保護観察所の指導監督を受けることはなく、自分の好きな場所で自由に生活が行える。ただ、満期釈放者のうち出所時に帰住先

図 7-4　出所受刑者の出所事由別累積再入率

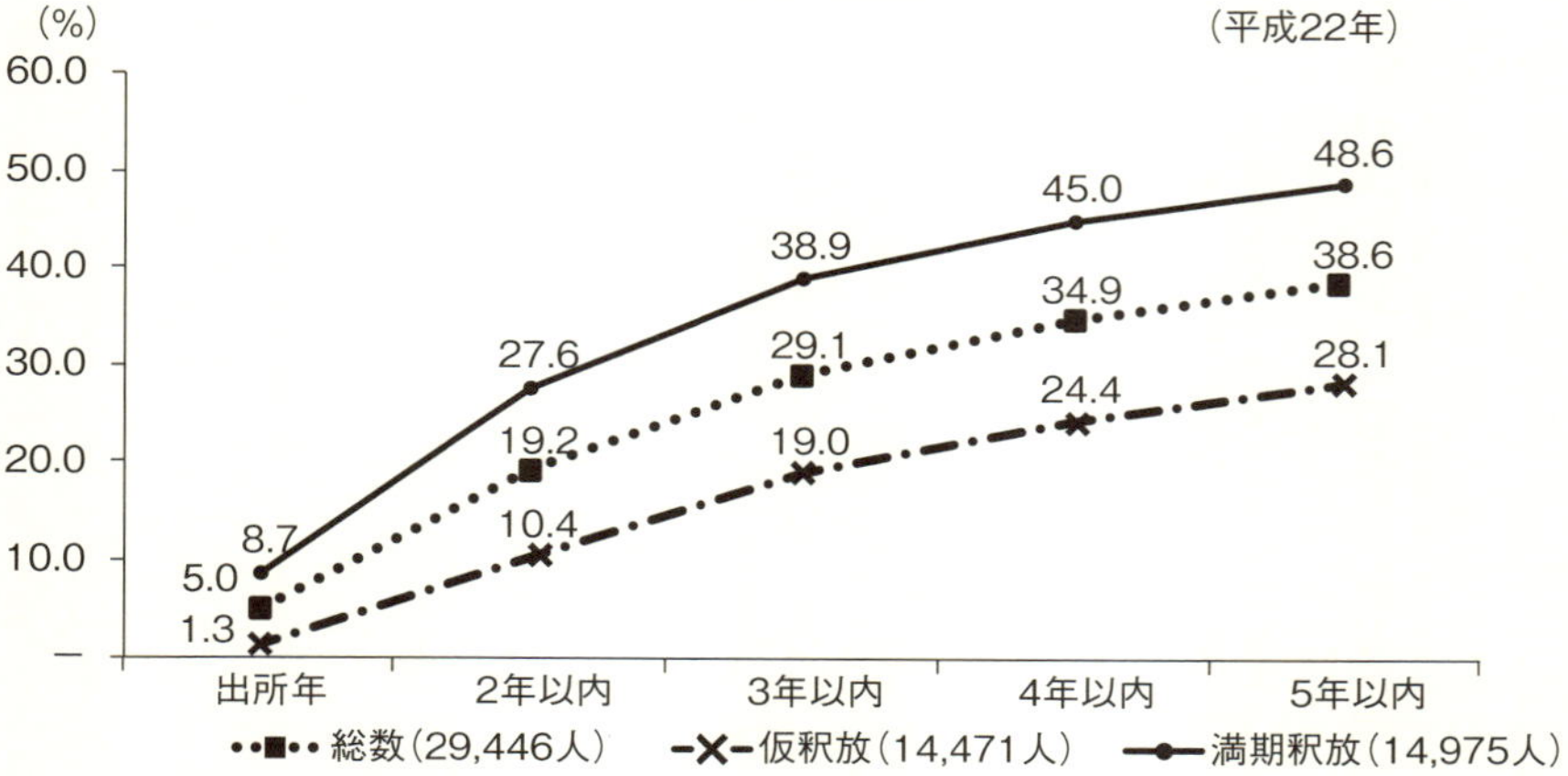

注 1　法務省大臣官房司法法制部の資料による。
2　前刑出所後の犯罪により再入所した者で、かつ前刑出所事由が満期釈放または仮釈放の者を計上している。
3　「累積再入率」は、平成22年の出所受刑者の人員に占める同年から26年までの各年の年末までに再入所した者の累積人員の比率をいう。

がなく所持金が少ない、または社会適応力が乏しいと思われる人については、本人の申し出によって保護観察所で更生緊急保護が行われる。

更生緊急保護は、再犯防止が目的であるが、あくまでも社会福祉制度につなげるまでの、ごく緊急的な保護である。保護を求めることが可能な期間は原則として出所後6か月で、食事や旅費などの金品支給、当座宿所のない者については、更生保護法人が営んでいる更生保護施設などに宿泊保護の委託をするという支援を行っている。

刑事施設からの仮釈放・満期釈放別の再犯状況を示した。仮釈放では28・1%の人が5年以内に再入所するのに対し、満期釈放では48・6%の人が5年以内に再入所している（**図7－4**）。

仮釈放に比べ、満期釈放の5年以内の再入所率が顕著に高く、このことから満期釈放者対策が課題であるといえる。

住環境と職の有無

2012年に刑事施設に再入所した受刑者のう

図 7-5　適当な帰住先と再犯に至るまでの期間

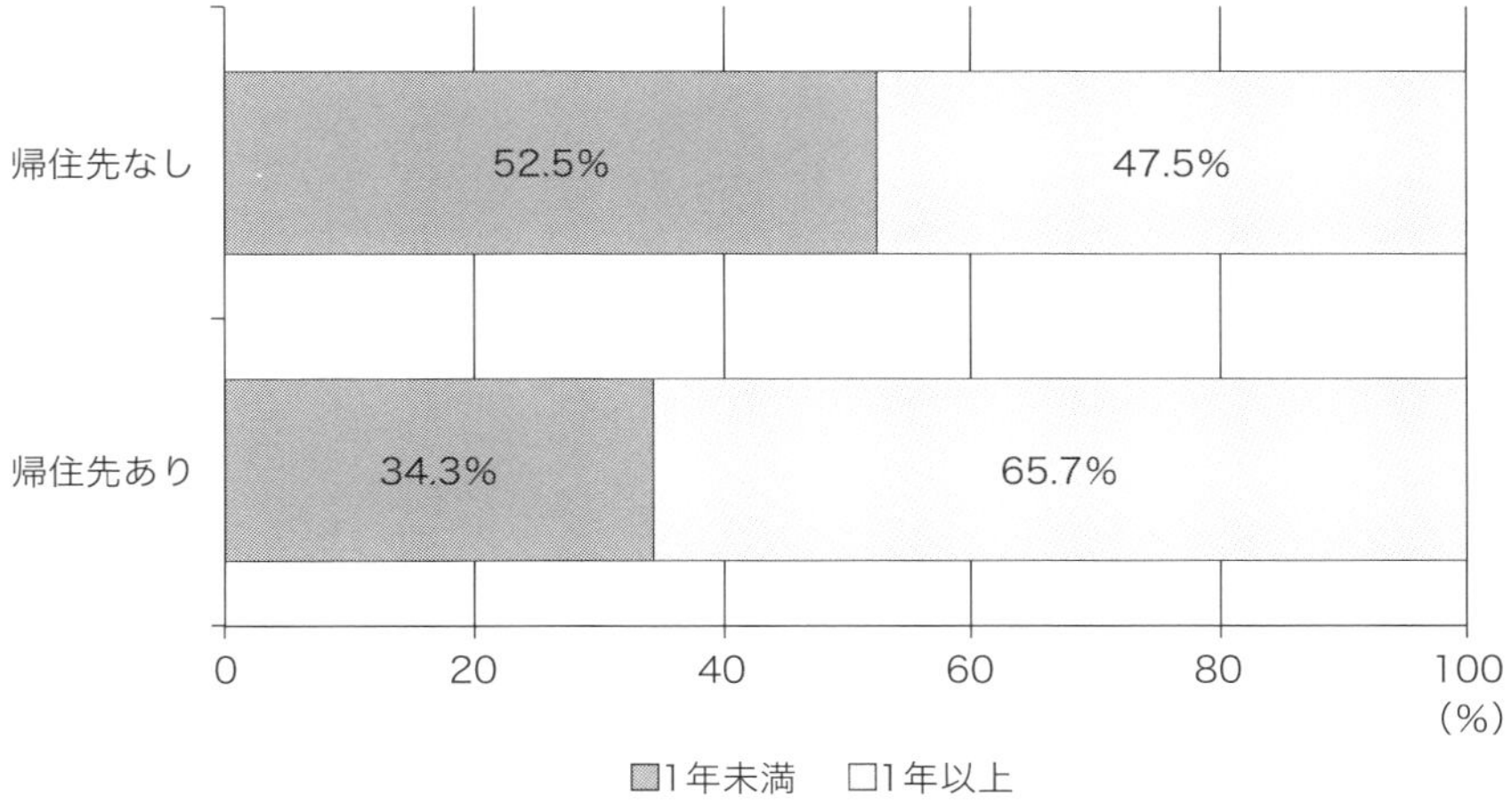

注　法務省「矯正統計年報」による。

ち、前刑出所時に適当な帰住先がなかった人の52・5%は1年未満で再犯におよんでいる（**図7－5**）。また、保護観察終了時に無職であった人の再犯率は29・8%であり、有職であった人の7・5%と比べて約4倍となっている（2008年から2012年までの累計）。

社会内における職の有無や、出所後の適当な帰住先の有無は、再犯率と関連しており、出所時の住居確保および就労支援が課題であるといえる。

法務省は、仮釈放者等に占める無職者の割合が多いことを踏まえ、就労支援をメインとする自立更生促進センターを2か所設置している。それは主に農業等の職業訓練および就労訓練を行う、「就業支援センター」と呼ばれる施設である。少年院仮退院者を対象とした北海道の沼田町就業支援センター（2007年10月開所）と、成人の仮釈放者等を対象とした茨城就業支援センター（2009年9月開所）である。

農業を通じた少年たちの改善更生

2007年10月、法務省が国営初の少年向け更生保護施設として開設した沼田町就業支援センターでは、園芸治療と職能を身につけさせるために、農業実習による自立支援を行っている。

センターに入所する期間は、原則として1年間である。センターでの所定の課程を修了した少年は、センターを出たあとに帰る場所や就職先を調整した上で、退所する。なかには、大規模農家や近隣の食品加工会社に就職した少年たちもいる。センターがある沼田町は、人口4000人弱で、人口減・農業後継者不足に悩む沼田町が協力する形で、こうした自立支援プログラムが実現したという。

農業実習は、専門指導員のもとで、野菜やシイタケ栽培、肉牛飼育などを通じて、農業に関する実践的な職業能力の開発や、日々の訓練を通じた勤労習慣の定着を図っている。それに加え、「いのち」を育て、生命を尊重する「こころ」を育むことにより、自らを大切にし、他の人を思いやれる若者の育成も図られる。

支援センターでは、国家公務員である保護観察官らが常駐し、少年の問題性に応じて直接、きめ細かい生活指導を行っている。門限や携帯電話禁止などの制限はあるが、自由時間の外出などは可能。実習手当を蓄えて自動車免許の教習所に通う者もいる。

当然の反応だが、当初は住民にも不安があったという。そこは、継続的な粘り強い町民説明会により理解を住民が深め、いまでは、沼田町の中心行事である「夜高《よたか》あんどん祭り」などにも参加し、地域住民との交流が図られている。

Social Firm

社会への入り口としての更生保護とソーシャルファーム

「犯罪に戻らない・戻さない」宣言

2014年12月16日の犯罪対策閣僚会議において決定された宣言「犯罪に戻らない・戻さない」では、現代の社会情勢での更生保護の課題として、次のように表明されている。

「犯罪や非行が繰り返されないようにするためには、犯罪や非行をした本人が、過ちを悔い改め、自らの問題を解消する等、その立ち直りに向けた努力をたゆまず行うとともに、国がそのための指導監督を徹底して行うべきことは言うまでもない。それと同時に、社会においても、立ち直ろうとする者を受け入れ、その立ち直りに手を差し伸べなければ、彼らは孤立し、犯罪や非行を繰り返すという悪循環に陥る。地域で就労の機会を得ることができれば、自分を信じることができる。住居があれば明日を信じることができる。彼らの更生への意思は確かなものとなり、二度と犯罪に手を染めない道へとつながっていく。（中略）ひとたび犯罪や非行をした者を社会から排除し、孤立させるのではなく、責任ある社会の一員として受け入れることが自然にできる社会環境を構築することが不可欠である」

このように、当事者のアクティベーション（活性化、有効化）を向上させるとともに社会のセーフティーネットの構築が必要であることが強調されるに至っている。

就労に向けた支援――社会的関係性の回復のために

現代社会は孤立社会ともいわれるが、いったん犯罪や非行をして人が更生する気持ちを固めたときにとりわけ必要なのは再び社会に受け入れることであり、その社会への入り口として住居、就労、さらには福祉等をはじめとする、排除しない、孤立させない支援が社会復帰に欠かせなくなっている。

更生、すなわち社会復帰に向けた支援は、いわば地域生活支援であるが、国の刑事司法だけで抱え込んだ取り組みでは、そこまでおよぶことは難しい。社会復帰という視点から大切なのは、刑期として定められた期間内の再犯防止ではなく、当事者の人生における再犯の防止である。そのことが刑事司法の枠内での抱え込みではなく、地域生活支援との連携、移行を必要としてきているのである。

近年は、そのような視点から就労に向けた支援、住居確保に向けた支援、障がいや高齢の人たちを福祉につなぐ支援、さらには医療支援などの実践も広がってきている。社会復帰支援は地域連携支援であり、地域社会に居場所をつくっていく支援であるという方向性が具体化し、見えてきているといえよう。

現代の社会状況について、石田光規氏（『孤立の社会学』）は「寄せ場の一般化」として、従来の福祉国家システムでは捕捉しきれない排除の態様が生み出されているとしている。「不安定雇用による労働市場からの排除」、「劣悪な住環境による住宅及び地域からの排除」、「家族などの人間関係からの排除」、「健康問題などの医療からの排除」、そして「これらが折り重なることが社会的排除」となっていく、としている。

それらが特定の地域に囲い込まれ、特定の人たちの状況ではなく、社会に一般化してきているということであろう。刑務所出所者の置かれた状況が、かつてのように特別なことではなくて普遍化してきているということにもなる。

そういう状況のなかで考えると、社会復帰支援は、刑事司法プロセスにおいて法に基づき犯罪者として定義された人を生活者としての視点から捉え直し、その生活者としての支援ニーズに焦点を当てて責任ある社会の一員として生きていく力を回復するよう、現代社会の普遍的な支援ニーズに視野を広げて支えることが求められているといえる。

近年の再犯防止の課題は、全体として犯罪者が一貫して減少傾向にある一方で、再犯者、すなわち犯罪を繰り返す人が増加してきていることである。そういう人たち、とりわけ犯罪をした高齢者、障がい者などは、まさに上記のような社会での居場所を閉ざされた状況に置かれ、刑務所が唯一の居場所となっている。これらの人たちの社会への入り口を開く支援が進められているが、その重要な柱の一つが就労に向けた支援の取り組みである。

就労に向けた準備が必要

就労の意義は、まず経済的自立にあるが、それだけでなく、人とつながって生き、その社会の関係性のなかで自らを確かめ、律する場を得ることにある。とりわけ、さまざまな関係性から排除されている人たちにとってはそうである。しかしこのような境遇の人々にとって、通常のアクセスで労働市場に入っていくのには少なくない困難がある。それだけに就労の支援は単なる求職・求人の調整を意味しない。就労に向けた準備の支援が必要とされている。

その第一の課題は、生い立ちのときから重なってきた、さまざまな人間関係や社会体験での疎外から自己回復力を喪失し、自分で自分をあきらめるような状況に至っている人たちが少なくないことである。そのような人たちに必要なのは、自分が一人ではないことを知ることであり、そのために向き合う人がいることとである。

第二の課題は、協同性に対する構えの弱さである。信頼をもとにした人間関係と、社会生活の回復への支援が必要とされる。そのような場と関係性をつくりながら、そのなかでコミュニケーション能力を高め、市民的権利や義務を学び、適切な日常生活を営むためのスキルを体得する。

このような準備のプロセスを踏んで自尊感情を回復し、協同の喜びを知り、社会に入っていく生活基礎力をつけていく。就労準備教育・訓練、中間的就労、その先の労働市場への参加という支援のプロセスである。

自立が「一人で立つ」ことであるのはもとよりとしても、このような人たちに対する支援において大切なのは、自立とは「人と社会につながって生きる力である」という視点が大切である。

ソーシャルファームの取り組みは、社会復帰支援の分野においても、自立ということを上述のようなプロセスや視点で捉えつつ、当事者に社会関係や働く機会を開き、つながりのある生き方を実現する大きな力になるものと期待され、関心が高まっている。

Social Firm

就労支援を通じた社会の統合への貢献

第三の職場としてのソーシャルファーム

繰り返しになるが、就労を通じて社会的関係を回復し社会の一員となる場として職場を得ることは不可欠である。ソーシャルファームジャパンの炭谷茂理事長によれば、現在の日本には三つの職場があると次のように指摘されている。

「第一のセクターである授産施設などの福祉的就労である公の職場、しかしこの制度は刑務所出所者等に対しては存在しない。第二のセクターは一般企業であるが壁が厚い。そのために第一と第二の間にある存在が必要になり、それがソーシャルファームである」

まさにそのとおりであるが、あえて付け加えると、第一のセクターには働くことの治療的意味合いもあり、第二のセクターである市場での雇用にも変化はあり得る。近年の社会復帰支援に向けた就労支援の取り組みにおいて注目される動向は、「協力雇用主」という刑務所出所者等の社会復帰支援に協力する雇用協力事業者の増加である。

広がりをみせる雇用協力事業

そして、この事業者の活動を一層進めるため、平成21年に日本経団連などの経済界や地域の事業者で組織するＮＰＯ法人「全国就労支援事業者機構」が設立され、引き続き各都道府県にもそれぞれ就労支援事業者機構が設立されて全国ネットワークでの雇用協力事業が始まっている。すでに平成27年度末には全国で約1万3215事業者が会員となり、約2700人の人たちが雇用された。

都道府県機構は会員事業者による雇用のほか、就労セミナー、就労後の訪問相談や被服支給、ビルメンテナンス訓練、農業を通じた心身の健康回復支援、農業の訓練・雇用、林業の訓練・雇用などにも取り組みを広げつつある。

協力雇用主にとって雇用は、経済合理性あるいは経営合理性からすると益するところは少なく、むしろ出所者等を雇用しているということが取引上マイナスに機能することも現実にある。出所者等の雇用に対する身元保証事業も制度化されているが、現場を支えるまでに育成していく負担もある。そのような状況で、いわば雇用に踏み切っていただいている事業者は、当事者にとって社会の入り口の扉を開けてくれる存在であり、多くは中小零細の事業者であるが、地域を支え、小さくても大きな拠りどころとなっている。ソーシャルファームとは異なる分野ながら共有するものはあり、地域に密着し、未熟練者に対する社会的雇用を実現しながら経営を持続させ、地域社会の統合性を維持してきている存在は評価されるべきである。ソーシャルファームの展開とともに、あるいはその展開の土壌を耕すためにも、排除や孤立を招かない社会づくりの根を多様に広げていくことが必要である。

更生保護と農業の関わり

上述の動きのなかで、更生保護の分野でも農業の有する社会復帰支援の力に着目した取り組みがなされるようになってきた。

筆者たちが２０１２年２月に立ち上げた「農と更生保護ネットワーク」は、「農」と表現しているが、林業も含め自然を耕す営みが人の心身全体の生活基礎力をつける効果と、生産・加工・販売までの六次産業化という入り口の広い就業機会に注目し、すでに始まっている取り組みに学ぶとともに、それらをつなぎ、広げていくことを志向している。ソーシャルファームジャパンに加盟し、これまで４回の交流会を開催した。

第１回は、炭谷理事長とフランス在住のジャーナリスト南谷桂子さんの対談「生きる力を育む場づくりを——ソーシャルファームが拓く新たな世界・日本とフランスから」で、フランスのソーシャルファーム農場「ジャルダン・ド・コカーニュ」（第８章参照）の取り組みが紹介され、関心を高めた。また、後述で一部紹介する各地の取り組みの報告がなされ、多くの更生保護関係者と福祉関係者が参加した。

第２回は、そのジャルダンから代表のジャン・ギィ・ヘンケル氏を招いて講演と交流の会を開催し、ヘンケル氏は東京都・社会福祉法人豊芯会（第２章参照）の配食事業所・カフェ、障がい者が働く埼玉県・ＮＰＯ法人ぬくもり福祉会たんぽぽ（第５章参照）の自然農法の野菜づくりとカフェを訪問し交流した。

第3回は、各地から「たんぽぽ」に集まり、その取り組みに学んだ。次いで第4回は、長野県松本市に集まり、ソーシャルファーム松本自立支援センターが中心となったシンポジウム「人がよみがえる働き方と農林業」を開催した。

いずれも更生保護、福祉、農林業等の分野の人々が広い地域から参加してくれているが、今後は事業としてのネットワークを目指さなければならない。

農は人と自然と地域社会の営み

いま農業は、経営や雇用などの経済力という面ではさまざまな課題も指摘されているが、前述のように、心身の生活基礎力をつけるという可能性への関心も広がってきている。

自然と食は「いのち」という我々の生活の基盤をなすものに深く関わっているもので、その営みのなかで培われてきた底力のある文化は、いわば生き直しをしようとする人にとって強い支えになるものではないだろうか。農業は、人と自然と地域社会が関わる営みであり、そのことと各地での取り組みから見えてくる可能性として次のようなものがあると考える。
①心と身体の全体性をもって関わる作業と生活。気象、土、植生などとの共生。
②自然の移ろいと一体─生活リズムの回復。
③自然の絶対性。『呂《りょ》氏《し》春秋《しゅんじゅう》』には「天時を下し、地財を生ずるに民と謀らず」という言葉があるという。言い訳が許されない性質を持った営みでもある。
④指導者、支援者との間が直接的な関係でなく自然が媒介するふくらみのある関係になる。
⑤協同性。単なる共同作業を超えて心と力を合わせて働くことを実感する。一人ではない喜びをもたらす。
⑥地域との交流。農の営みは地域密着であり、地域のなかで作業が見守られ、評価される。
⑦成果が手に取れる。消費者が支援者としてつながる関係もある。
⑧入り口が広く入りやすい。入った先は難しく奥

が深いが、入り口が壁にはならないやさしさがある。

これらのいくつかは農業でなくてもあり得る要素かもしれないが、人に謙虚さを求める自然という存在、人と人の自然を媒介にした関係性、協同性を実感できる生活、ささやかな経験であってもなにかをなしとげる実感からスタートできる機会、どのような人にも入り口を開いてくれる場、そのような世界である。

農業の可能性を示す事例

そのような可能性を教えてくれる取り組みは少なくない。ここでは特徴別に三つの事例を紹介したい。性質上、特定を避けた記述になることをお許し願いたい。それぞれの取り組みの目的は異なる段階にあるが、将来これらがつながり、さらには矯正教育段階での訓練をかみ合わせることなども考えられよう。

また、このほかに林業分野でも、福岡県を中心に更生保護関係者、森林組合、林業事業者、農林事務所、ハローワーク等が参加した「九州地方林業分野刑務所出所者就労支援研究会」が発足し、２０１４年から、製材、伐木といった作業現場での雇用の取り組みが始まっていて、さまざまな可能性が注目されている。

①栃木県・M更生保護施設の取り組み——生活基礎力を培う

受刑者は全体として減少傾向にある一方で、女子受刑者は高い水準で推移している。犯罪白書によると、就労面では犯行時に無職であった人が約80％と高い。高齢化も顕著で、２０１２年の65歳以上の高齢者は全体の12・８％で年々高くなっている。また入所回数も65歳以上は６回以上が約15％におよんでいる。

高齢になり、仕事にも就けず、引き受け先もない人たちが生活に困窮してまた刑務所に戻る。その連鎖を断ち切るのは容易ではない。M更生保護施設は、その連鎖に陥っている人たちを多く引き受けて社会復帰支援に取り組んでいる。しかし、仕事に就くのは容易ではない。自立する住まいを得るのも時間がかかる。そのなかで次第に焦りやあきらめの気持ちが募ってきて、更生保護施設内での人間関係も摩擦を伴うようになる。

M更生保護施設ではさまざまな処遇プログラムを実施したものの決め手はないなかで、保護司をしている農家の方の提案で土地を借りて野菜づくりを始めた。上記の農業の可能性で示した、「⑦自然の移ろいと一体―生活リズムの回復」のとおり、農業の入り口は広い。

提案していただいたS保護司の入念で温かい指導により、トウモロコシ約6000本や季節に合わせて各種の野菜を栽培している。耕し、種をまき、草をとり、収穫し、販売まで携わる。収穫には地域の方々が参加してくれる。販売には運搬から出店の作業まであるが、栃木県就労支援業者機構がサポートしている。

この取り組みを始めてから、一人ひとりの表情が明るくなり、入所者同士の協同作業が喜びになり、収穫での地域交流や販売での購買者の笑顔との出会いなど、ここには上記の農業の可能性として掲げたほとんどの要素がある。最近では、知的障がい者の自立支援施設のお茶摘み作業の手伝いにも出かけている。これらの取り組みで前向きの気持ちが引き出され、一般就労、自立生活への意欲が見えてくるという。

自立とは一人で生きることではなく、人と社会に関わって生きる力をつけることである。この更生保護施設では、農業を核にその関わりがつくりだされている。

②茨城県・F農業者の取り組み
――職業訓練

この農場は、法務省水戸保護観察所が運営している茨城就労支援センター入所者の農業訓練を引き受けている。同センターが、全国の刑務所から、農業従事の意欲を持ち、かつその適性が認められる人たちを仮釈放により受け入れ宿泊させて生活訓練を行うとともに、農業者に委託して実習と学科の農業訓練を実施している。この農業訓練は厚生労働省の公共職業訓練として委託され、委託先農業者の選定は農林水産省が担当するなど、省庁の枠を越えた施策として取り組まれている。

その訓練を受け入れているＦ氏は、訓練生と一緒に働きながら指導している。まさに共に汗を流し学ぶ日々での指導である。期間が6か月と限られているので、その間に手がけることのできるさまざまな作物を栽培する。農業者として自営しているので、できれば市場適性のある作物を効率よく栽培したほうがいいのであるが、教えるために少量で多品種を手がけ経験させるのである。そのことにより短期間であるが、畑づくり、畑の片付け、播種から管理、収穫、市場に出すための洗い、箱詰めなどに1回は関わることができる。まさに人づくりは非効率をもってする、である。

農業には百姓と言われるとおり、あらゆる仕事のルーツがあるとされるが、ここでは黙々と土に向かうようになることを大切にし、それがどこにいっても通用する生活基礎力になるとしている。就農するには農業機械の経験を積ませる必要があり、その設備投資が課題であるが、その前に、経験のない農業を目指す人たちにとって大切なのは、ロールモデル（手本）の存在ではないだろうか。Ｆ氏はそういう存在でもある。

訓練生の一人は、いままで翌日にまた仕事や客が待っていると考えたことは一度もなかった。それがいまは、毎日自分を待っている畑に出るのが待ち遠しいという。仕事の自分ごと化ができてくる。明日の天候と作物の状況と作業を考える自分を発見しているのである。自分と自分の間を自然という大きな力が媒介してくれるのであろう。自立とはそういうことでもある。

ここの訓練卒業生は、県から新規就農者認定を受けて就農自立した人、農業法人に就職した人など、その就農率は約4割におよんでいて、これは一般の農業学校等と比較しても極めて高い数字だという。

③熊本県・Ｋ農業生産法人の取り組み
——就農

この農業生産法人は、２００４年に新規就農者支援や新規農作物導入などの農業振興を目的に市などが出資し、第三セクターとして保護司を中心に運営を開始した。刑務所・少年院からの釈放者で就業が困難な人たちを雇用し、地域の農業後継者として育てることを目指した取り組みを続けてきた。

農業訓練を受けていないさまざまな少年、成人を受け入れてきているが、助成金などは受けていないので、訓練・育成・経営を並立して遂行することには困難が伴う。しかし、トルコキキョウ、カスミソウなどの花卉《かき》や、古代米等の特色ある栽培を活かし、8年目に当初の借り入れも返済して黒字に転じたという。

また、これには購買者として支援する多くの関係者がいることも大きい。「この法人は、助成金はいらないから買ってください」とアピールする。事業に直接参加できなくても購買者としてこのような事業を支えることを、前述のヘンケル氏は南・北ならぬ「北・北トレード」と評価している。国内フェアトレードといえよう。

ここで育った一人が最近、地域の人たちとの交流ができ、地域内に畑を借りて独立農家となった。彼は、「最初は毎日、生まれてはじめてというくらい怒られたけど、農業はその意味が畑や作物の状況ですぐにわかるので納得する」といっていた。指導に当たってきた方は、「農業は10年やっても10回しか教えられない。自然には一切の妥協がない」と厳しい指導であったが、その関係が1対1の直線的な関係でなく、自然が媒介することでわかるということに、ふくらみが出てくるように思われる。彼は、これから地域で力をつけ、自分が出所者等の受け入れをして農業を目指す仲間をつくりたいと考えている。

Social Firm

農を通じた更生保護とソーシャルファームの今後

更生保護とソーシャルファームの今後

P・ドラッカーは、社会・経済活動を構成する分野として、政府・自治体の行政セクター（第一セク

カスミソウの出荷作業の様子（熊本県・Ｋ農業生産法人）

ター）、企業の営利セクター（第二セクター）、ＮＰＯなどの非営利セクター（第三セクター）という区分をした。

　更生保護における就労に向けた支援は、まず、第一セクターの政府・自治体の直接の関わりと、第三セクターの民間法人による社会復帰の意欲・体力の回復を目指す治療的アプローチや訓練から中間的就労までの社会への入り口支援のプログラムが想定される。そして、なんといっても持続的な経済自立と就労を通じた社会参加機会の拡大並びに社会への統合は、第二セクターの営利活動分野すなわち労働市場によって担われることが重要であると考えられる。

　障がい者等に対する社会福祉分野の就労支援は上記想定のとおり、第一セクターである政府・自治体の制度と、これに支えられる第三セクターによる支援によってきめ細かく制度化されている。また、第二セクターの営利企業に対しても一定のインセンティブ（刺激、誘因）を伴う雇用基準が定められている。企業によってはＣＳＲ（企業の社会的責任）の柱にもなってきている。

一方、更生保護においても第一セクターの支援は長年の課題であったが、２００６年度から厚労省においてトライアル雇用等が障がい者やホームレスの就労支援策同様に始められるとともに、法務省においても新たに雇用事業者を支える身元保証制度が創設され、さらに２０１５年度からは、雇用事業者に対する奨励金制度が創設された。民間に委託する更生保護就労支援事業所も２０１５年度において16の保護観察所管内で整備され、雇用事業者の開拓やサポートなどが始められている。また限られた取り組みではあるが、前述のように農業を活用した訓練やケアも実施に移されており、さらには法務省、厚労省をはじめ30を超える地方自治体において保護観察対象者を中間就労的な意味合いで直接雇用する取り組みも広がっている。

このうち、前者の国による支援制度は、いずれも第二セクターの雇用事業に対するインセンティブを整備して労働市場での雇用を拡大することを目的としており、雇用実績も広がりつつある。２００９年度から全国ネットでの事業を推進している就労支援事業者機構は、ＮＰＯ法人として第三セクターに属するものの、基本的には第二セクターのＣＳＲを組織化し、労働市場における雇用の拡大を支え、持続させようというものである。

その一方、障がい者などを対象にした第三セクターによる就労支援の仕組み、あるいは福祉的就労の仕組みは、更生保護にはない。上記のさまざまな取り組みが進められても、通常のアクセスでは労働市場への参入が困難な人たち、労働市場の内側と外側の境界線上を出入りすることを余儀なくされ仕事を通じたアイデンティティーを得られないでいる人たちは、更生保護の領域には多く存在する。

労働市場に居場所を得て「責任ある社会の一員」としての自尊感情を伴った自立、人と社会につながった生き方を獲得することは誰しも望むことであるが、そこに届く以前の困難を抱えた人たち、長期の社会からの離脱者など意欲・体力・社会性などの生きる力の回復支援がまず必要な人たちが多くいる。そういう人たちに訓練の機会を提供するとともに、一般就労に向けた方向性、働く主体としてのアイデンティティーを培うことのできる労働機会の必要性がますます高まってきている。

このような要請に応える働く場が、まさにソーシャルファームであろう。いわば、上述の第二セクターと第三セクターの双方の利点へのインターフェース（共通事項）を有する新たな就労の場がソーシャルファームであるし、更生保護の領域でも関心、期待は高まっている。

あきらめかけている自分自身に向き合い直す、他者や社会との関係をつなぎ直す場、人としての生きる力の回復を機軸にしながらも、働く主体として自立的に社会に参加する、「自分たちで稼ぎ、社会の役に立っている」働き方が実感できる、そのようなステージが、今後の更生保護における就労支援にとっては必要である。

欧米においても、刑務所出所者を対象としたソーシャルファームの取り組みがあり、国会においても法務委員会の調査議員団が訪問視察するなどわが国の関係者も注目している。

法務省においても、このような方向性を念頭にソーシャルファームに対する関心は高まっており、全国の保護観察所において刑務所出所者の雇用に関心のあるソーシャルファームの開拓・連携に努めるとともに、保護観察所と地域のソーシャルファームとの相互理解を深めるための連絡協議会を開催するなどして、身近なところからの就労機会の拡大に取り組んでいる。

法務省保護局によると、これまで全国で88か所のソーシャルファームを把握し、30か所において雇用が実現しているほか、35か所が雇用への協力意思を示している（２０１５年2月末日現在）。事業内容は、農業、農産品加工・販売、ビルメンテナンス、リサイクル、パン・菓子製造、レストラン、ケータリングなどである。

このうち、農業分野における取り組みはまだ多くはないにしても、さまざまな地域でホームレス、刑務所出所者、薬物依存者などを対象として、遊休農地の活用や有機栽培、六次産業化などを目指すことで地域と連携し、その活性化の一翼を担うＮＰＯなども出てきている。

ソーシャルファームの数はまだ多くはないが、更生保護への社会の理解、支援の拠点になっていくという面でも大いに期待できる。保護観察所とソーシャルファームとの連携を構築して、一層の弾みをつけていく必要がある。

保護観察所とソーシャルファームとの連携体制の構築

２０１３年度から、全国の保護観察所において、刑務所出所者等の雇用に関心のあるソーシャルファームの開拓・確保に努めるとともに、保護観察所とソーシャルファームの相互理解を深めるため、ソーシャルファーム雇用推進連絡協議会を開催している。また、２０１４年6月に、刑務所の出所者が社会復帰できる仕組みづくりに向け、農場の活動を参考にする目的で、検察庁の小津博司検事総長ら10名が共働学舎新得農場（第6章参照）を訪れている。出所者の社会復帰にソーシャルファームの役割を期待していることがうかがえる。

日本のソーシャルファームは、ヨーロッパに比べてまだまだ数が少なく、刑務所出所者等の就労支援の難しさを直ちに解決するものではないが、制度の谷間に陥った者の就労先の一つとしての可能性は十分にある。さまざまな背景等を持つ者が働くソーシャルファームにおいて、刑務所出所者等にも再チャレンジの機会が与えられるよう、引き続き、保護観察所とソーシャルファームとの連携体制の構築を推進していく必要がある。

第８章

ジャルダン・ド・コカーニュが取り組む未来社会への挑戦

～ビオ野菜がつなぐ幸せの連鎖～

株式会社ワインと文化社 代表　南谷 桂子

〝桃源郷の農園〟を意味する「ジャルダン・ド・コカーニュ」と呼ばれるNPOが、フランス全国に130か所ある。長期失業者・ホームレス・ドメスティックバイオレンス被害者・刑余者……、あらゆる社会的弱者を平等に労働力として雇い、彼らの自立を目指して野菜づくりに励んでいる。環境型有機農業で収穫された野菜は、パニエと呼ばれる野菜籠に入れて、毎週１回、契約する近隣の住人たちに届けられる。

高福祉国家を目指すフランスでは、こうしたソーシャルファームを国が支え、民間企業や一般市民とも連携してトライアングル型の「社会連帯経済」という新しい経済活動で成功している。失業者の社会復帰を後押しする未来社会に向かって、ジャルダン・ド・コカーニュの活動を紹介する。

Social Firm

ジャルダン・ド・コカーニュってなに？

ヘンケルさんが創設した桃源郷の農園

フランス東部、スイスとの国境に隣接するフランシュコンテ地方は、その名のとおり「コンテ」チーズの生産地として昔から有名だ。鬱蒼とした牧草地帯が広がるその光景は、息をのむほどに美しい。

チーズづくりには、たくさんの人たちの協力が欠かせない。搾ったミルクを農協に運ぶ人、発酵状態をチェックするチーズ熟成士と呼ばれる人、それを販売する人、購入していく人。助け合い精神が育まれ、住民たちの結束は、ほかのどの地方よりも強い。

そんな気質は、質実剛健、忍耐強さを生んだ。それは、一人の男の血のなかにも脈々と流れていた。人一倍正義感が強く、悩み苦しんでいる人たちを見ると、いても立ってもいられない熱血漢――その男こそジャン・ギィ・ヘンケル氏、「ジャルダン・ド・コカーニュ」の創設者だ。

「桃源郷の農園」という名の「ジャルダン・ド・コカーニュ」（以下、ジャルダン）は、失業者を労働力として雇い、無農薬野菜を生産し、それを一般市民が購入することで彼らを自立させるという、トライアングル型の社会モデルを実践している。

不況で解雇された工場労働者であふれていた1970年代

時代は1970年代、石油ショックはフランス経済をどん底に突き落とした。自動車産業は国の経済を牽引する重要な産業の一つだが、フランスを代表するプジョーの下請け工場が多く集まるヘンケルさんの故郷、シャルズール町には、長引く不況で解雇された工場労働者たちがあふれていた。学歴もスキルも何も持たない人たち、フランス全国には約800万人もの人たちが路頭に迷い、日々不安な生活を送っていた。そんな状況に危機感を抱いた政府は、緊急に「経済活動による自立支援策」で失業者たちに職業訓練を施しながら自立への道を探る制度を立ち上げた。一人でも孤立する人をなくすための支援策だった。

石油ショックはその後も世界経済を圧迫し、農業大国フランスでは、それまで農民は絶対に失業しないといわれていた神話もあっけなく崩れ去り、彼らの多くは失業に転じた。先祖代々受け継がれてきた農地を手放す人たち、フランス全国には耕作放棄地が日増しに増えていった。

そんな現実を目の当たりにしたヘンケルさんは、

ジャルダン創設時のプレス記事

あることを思いついた。放置された耕作放棄地に失業者を働かせられないだろうか？　農業技術なら職を失った農民たちが教えてくれる。

当時、ヘンケルさんの故郷からほど近いブザンソンという町には、「ジュリエンヌ・ジャヴェル」というＮＰＯがホームレスの住居支援を行っていた。しかし、「彼らに仕事を与えない限り自立への解決策にはならない」という持論を掲げて、ヘンケルさんは県知事や県会に説得を続けた。こうして彼らの支援をとりつけたヘンケルさんは、ジュリエンヌ内にジャルダンを立ち上げることに成功した。時代は１９９１年、「ジャルダン・ド・コカーニュ」の第一号が誕生した。

手探りで立ち上げた最初のジャルダンに、地元メディアはこぞって注目した。「ブザンソンでは社会からのはみ出し者がビオ野菜を育て、契約する家庭に販売している！」と大きな見出しが躍った。自然環境に配慮したビオ野菜の生産基地、できるかぎり生産者と消費者の顔が見える産地直送型の流通経路で地元経済を潤すもの。そんな概念を持ったジャルダンは、ユートピアであり、まだ一般の人たちにはなじみの薄い、ちょっと時代的にはズレのあるものだった。しかし、失業した人たちが明日の食にもありつけない状態のなかで、農業はまたとないチャンスだ。ヘンケルさんの脳裏には額に汗し、おいしそうな野菜を収穫している労働者たちの姿が浮かんだ。

フランス東部の地域問題は、フランス全土が抱えている問題でもあった。経済、社会、環境に重点を置いた持続可能な発展を目指すジャルダンが、自らの力で利益を生み出し、地元経済を潤している。そんなヘンケルさんの活動の意味が少しずつ理解されていった。

地方のアイデアにジャルダンという水をまき、そして各地に花が咲く

１９９０〜２０００年の10年間、フランスは国家として大変革期を迎えていた。１９７４年の第一次石油ショックにより「栄光の30年」と呼ばれた戦後の復興期の景気は急速に失速し、80年代には長期化した不況により失業者率は５・１％、なかでも若年失業者層は13・６％にまで達した（ＩＮＳＥＥ：国立統計経済研究所）。

工業化が進むにつれて環境汚染も深刻さを増し、狂牛病、鶏肉のダイオキシン汚染、スクレイピー（羊やヤギ類の神経系を冒す病気で伝達性海綿状脳症の一つ）、農業用殺虫剤、遺伝子組み換え作物など、食料問題が噴出した。世界中の人たちが「いったい私たちに何を食べさせようとしているのか！」と叫び、食の安全や環境に対する関心が広がっていった。

そんな状況のもと、フランス東部の小さな農園がとてつもなく象徴的な価値を備えていることに、やがて多くの人たちは気づきはじめていた。「自分たちもジャルダンをつくりたい！」。そんな全国の声に答えるように、ヘンケルさんのフランス横断の旅がスタートした。

積極的に住民たちに話しかけ、彼らの声に耳を傾け、時には政治家や大臣に直訴する。ボランティアたちの助けにより、その輪はどんどん広がっていっ

た。よりよい社会をつくりたいという情熱は、まるで数年に一度、砂漠に降る雨のようにどんどん水を吸収し、あたり一面が花で覆い尽くされていくかのような光景だった。

ジャルダンのロゴはジョウロである。それはヘンケルさんが地方から地方へと、さまざまなアイデアに水をまき、小さな花を咲かせ、やがてしっかりと根の張った幹になる。そんなジャルダンに成長してくれることを願う気持ちが込められている。

現在ジャルダンは、フランス全国に130か所を数えるほどに成長した。面積にしておよそ360ha、環境重視型の持続可能な農業が広がっていくことは政府が掲げる環境対策・緑地化対策とも合致する。二酸化炭素の削減にもつながる。社会的弱者の自立支援策という大義名分が、いつの間にか食の安全・環境保全といった一般市民の関心ごとにつながっていくことも、ジャルダンの発展に拍車をかけていった。

Social Firm

ジャルダンで生産されたビオ野菜販売の仕組み

「提携農家」や「CSA」がジャルダンのベース

ジャルダンでは最低5haの土地に約20名の訓練生が働いている。収穫された野菜は、200軒近い近隣家庭の契約販売で地域経済を潤している。

この地産地消のアイデアは、日本が発祥の「提携農家」に由来する。流通経路を短縮することにより顔の見える生産者から安全な野菜を購入しようと、1960年代、日本の協同組合が考えだした生産者と消費者を結ぶ新たな流通経路「提携」のアイデアが基本だ。それは「TEIKEI」という言葉とともに米国に渡り「CSA」(Community Supported Agriculture：地域で支える農業)という名称で定着した。1990年には、アメリカからスイスを経由してヨーロッパ全域にも広がり、やがてフランスにも根付いていった。

CSAとは、農場と消費者が直接に1シーズンの農産物の供給・購入の契約を行い、代金を前払いすることで農場を支えるという、産消提携と類似した方法である。単純にいえば、「消費者はおいしくて出所のはっきりした安全な食料供給を受ける代わりに、その農地・農家をしっかり支援する。農家もそれに応えるべく、よい農産物をつくることに専念する。そして天候不順による不作などのリスクも共有する」というものだ。

ジャルダン・ド・コカーニュの農場から生まれ、出荷を待つ野菜

ヘンケルさんは、この「提携農家」のアイデアに「これが解決策だ！」と直感した。仲介者に報酬を払う必要がないぶん経済的にもより有益で、また消費者の会員制度というアイデアも年間を通じて安定した量の生産を確保できる。野菜代金の先払いによって経営も安定する。まさに計画的な営農が可能となった。さっそく、スイスのジュネーヴにあったジャルダン・ド・コカーニュを訪ね、そのノウハウを学び、フランスに持ち帰った。

地域住民とジャルダンを結ぶ野菜籠

ジャルダンの野菜は毎週、パニエと呼ばれる「野菜籠」に入れて地元の家庭に届けられる。

年会費33ユーロを契約時に払うと、「レゾー・コカーニュ」（以下、レゾー）と呼ばれるジャルダンを統括するネットワークに加盟することができる。そのための会費11ユーロは、その年会費のなかに含まれている。毎週、籠のなかには野菜が8種類、値段は各ジャルダンによって多少の差はあるものの、大きいサイズ（5～6人分）は12ユーロ、小さいサイズ（2人分）は7ユーロ、家族構成によってサイズが選べるようになっている。支払い方法は、1か月を単位にして前月に銀行の自動振り込みで決済される。

野菜の価格について、パリ南西部の「サンカンタン・イヴリーヌ」（耕作地面積4・5ha）のジャルダンをちょっと覗いてみよう。

ビオ野菜の公示価格が、ホワイトボードに毎日表示されている。これはパリの中央卸売市場「ランジス」の卸売価格を基準にしており、その日の価格を表示することによってジャルダンの値段が公平なものであることを印象づけている。またビオ市場全体の価格安定のためにも、ジャルダンが破格な値段で売ることは禁じられている。これは同業者と競合しないために常に既存農家との共存共栄をモットーとしているジャルダンのポリシーでもある。このサンカンタンでは毎週170籠を出荷し、1か月の収入はおよそ1万ユーロ（約140万円）である。

籠の中身は季節ごとに変化する（**表8－1**）が、自分で中身を選ぶことはできない。当然、豊作・不作の年、季節によっても収穫量は変動する。冬の期間中は収穫量も減るので、そのぶん野菜の量も少なくなるが、夏は逆に生産量も増えることから中身も増やし、年間調整を行いながら契約者の理解を得ている。野菜の種類やみかけの美しさも、消費者にとっては大切だ。同じ野菜が何か月も続けばクレームの対象になる。

しかし、トマト、ジャガイモ、レタスは一般のフランス人家庭でも大好評で、意識的に量産してい

表8-1　季節によって異なるパニエの中身

1月	ジャガイモ1kg、カボチャ1個、アーティチョーク1個、マーシュサラダ160g、ラディッシュ1株、エンダイヴ500g、セロリー500g、ルッコラ1個
4月	ジャガイモ1,2kg、さやえんどう200g、フランスカブ300g、ラディッシュ1株、レタス2個、ニンニク250g、玉ねぎ1個、ほうれん草400g、ポロねぎ500g
7月	トマト2kg、ニンジン1,6kg、ズッキーニ500g、インゲン800g、レタス1個、　ピーマン300g
10月	ロマネスコ1個、赤玉ねぎ1個、レタス1個、ルバーブ700g、ブラックラディッシュ500g、ズッキーニ400g、スパゲッティかぼちゃ1個

る。最近ではトピナンブール、パネ、リュタパカなどの古代野菜に注目が集まっており、こうした珍しい品種も積極的に取り入れている。南フランスのあるジャルダンでは絶滅品種のトマトを復活させ、その色とりどりのバリエーションは、まるで有名レストランに納入するトマトのように華やかで美しい。

誰がジャルダンの野菜を購入しているのか

ある調査会社の結果から、ジャルダンの野菜を購入する人たちのプロフィールが浮かび上がってきた。

一番目の購入者は中流家庭の人たちで、「地産地消のものしか食べない」「有機農業のものしか食べない」「地元のものしか食べない」といった明確な傾向・志向が強い活動家タイプだ。

二番目はボボ（ブルジョア・ボエム）と呼ばれる人たちで、比較的所得は高く、常に新しい情報をキャッチしている。スーパーや青空市などで、まるでテレビでザッピング（頻繁にチャンネルを切り換えたりする）するような感覚で買いものをする。「ジャルダンで購入することは社会貢献」という動機が多い。

三番目の購入者は貧困家庭。普段、生のフレッシュな野菜を食べる機会が極端に少ない人たちだ。ジャルダンではこうした人たちを対象に政府と共同で「3万個の連帯感ある籠」というキャンペーンを実施しており、2~3ユーロと通常よりも安く販売している。食生活の改善は生活習慣病や健康維持にも効果的で、国の医療費を減らすことができる。無料で配布するのではなく「自分で購入する」という行為によって、彼らのプライドや自己評価を高めていこうというメッセージも含まれている。

販売する野菜籠を受け取る方法はいくつかあるが、最も多いのは契約者がジャルダンまで取りに行く方法だ。それによって、野菜以外にもジャルダンが販売する加工品（トマトのペーストやリンゴジュースなど副業として扱っている商品）を購入することができる。ジャルダンのスタッフたちとの井戸端会議も、地域コミュニティの一員としての意識が芽生えるきっかけとなる。

交通手段を持たない人たちや高齢者向けのサービスとしては、ジャルダンのスタッフがトラックで配送する方法がある。また、市内の便利な場所を収集場所に指定するところもある。最近では国鉄駅構内に販売所を設けて、通勤の途中でも野菜籠を持ち帰れるという利便性を狙っている。国鉄側もジャルダンの籠にＳＮＣＦ（Société Nationale des Chemins de fer Français、フランス国有鉄道）というロゴマークを印刷してＰＲに努めている。

将来、契約者の拡大を狙って、よりハイクオリティーな野菜づくりや自分で好きな野菜が選べるシステム、ネットでの購入、有料のデリバリーサービスなど、さまざまな方法を模索している。

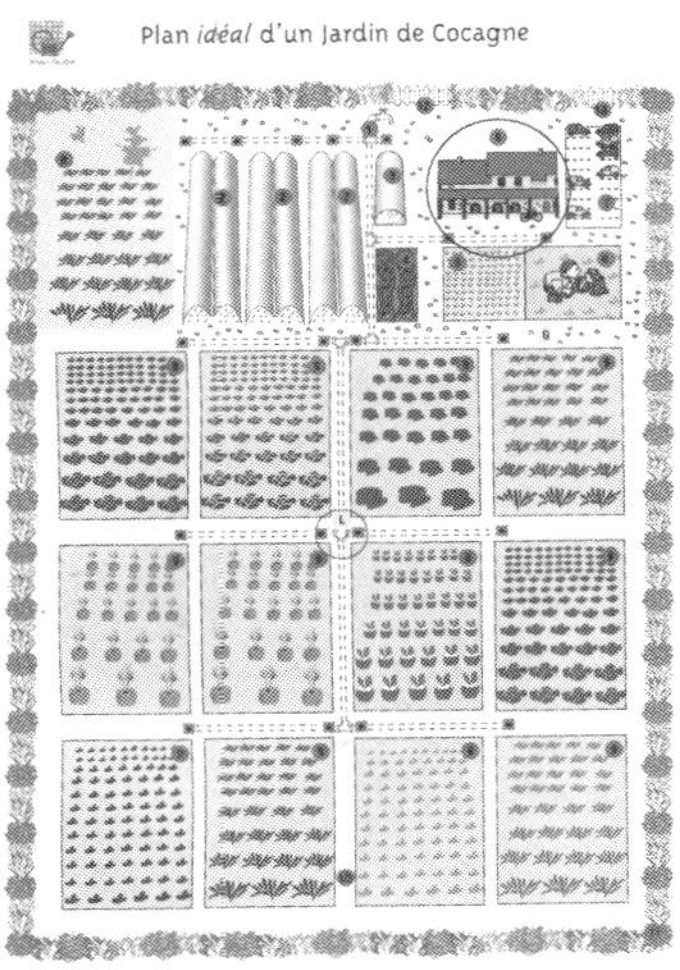

平均５haの耕作地で20名の訓練生（ジャルディニエ）が励むおいしい野菜づくり

高度な技術者による高品質な野菜づくり

時代の流れを敏感に察知し、より魅力的なビオ野菜で消費者を惹きつけるためには、常に消費者の動向をキャッチしていかなければならない。そのためにジャルダンでは、窓口を設置して消費者の声に耳を傾けて生産に反映させている。

年間12週間の栽培期間中に60～１００種類の野菜を生産していかなければならないジャルダンとしては、高度な生産体制と緻密な年間スケジュールが求められる。「農業経営責任者資格免状」（ＢＰＲＡ：Brevet Professionnel Responsable d'Exploitation Agricole）や「農業経営資格免状」（ＢＥＰＡ：Brevet d'Etudes Professionelles Agricoles）といった、５年生の国立高等農業大学の資格を持ったプロ意識の高い専門家を雇用している。

彼らはビオ農業の知識だけではなく、環境や社会福祉にも精通しており、また社会的弱者に農業を指導する立場から、寛容な人間力・リーダーシップといったものも求められる。この指導者の質が、ジャルダンのすべてを決める大きな要因となっている。

フランスでは食の安全に対する意識が高く、さまざまな品質保証マークが存在する。

例えば高品質で履歴を明らかにするトレサビリティや、ＡＯＰ（Appellation d'Origine Protégée の略：欧州連合統一の保護原産地呼称）と呼ばれる原産地呼称制度、特定の産物を保証するラベルルージュなど。なかでも「ＡＢ」マーク（Agriculture Biologique の略）は、１９８０年代に急速に国民の関心が高まっていった有機農業製品につけられるラベルで、「アジャンスビオ」（ビオ取扱事務所）と呼ばれる、国が認可した団体が許可した食品にのみつけられる。

通常の農業製品よりもさらに生産・品質管理体制が厳しく、ジャルダンの野菜はすべてこの認証を受けている。農薬、殺虫剤、化学肥料などを一切使用しない「完全無農薬の証」であることから、安全性ばかりではなく環境にも配慮した生産体制を実施しているといった証明でもあり、国やＥＵからの助成金の対象にもなっている。そのために国のチェック機関が定期的に現場を訪れて肥料や農薬の化学成分分析表の提出を求めたり、会計検査等を1年ごとに抜き打ちで行うなど、非常に厳しい体制が敷かれている。

こうしたことから、ジャルダンでは品質管理以外にも、日々働く訓練生の健康状態や労働条件などを常に把握して、よりよい環境づくりに余念がない。

Social Firm

ジャルダンは多様性のある一つのミニ社会

国が支える自立支援策

ジャルダンはビオ野菜の生産拠点地だが、そこで働く人たちは、全員がなんらかの問題を抱えている。冒頭でも述べたように、１９７０年代の石油ショックによる大不況は大量の失業者を生み、スキルを持たない若年層の長期失業者という、未曾有の事態に発展した。

危機感を抱いた政府は1977年に「自立支援法」を施行した。「長期失業者が再就職するためには、まず社会に適応するためのトレーニングが必要であり、家庭・学校・職場などあらゆる方面からのサポートが求められる」という考え方に基づいている。これは、フランスの著名な学者、ベルトラン・シュバルツ教授が作成したレポートをたたき台にしており、一般的に「シュバルツ・レポート」と呼ばれている。「社会に同化していくには対症療法ではなく、ゆっくりと時間をかけて人道的なケアが必要であり、人としての尊厳を取り戻すためには自立させること、すなわち仕事を与えることが大切だ」という考え方だ。

それによってフランスでは、「援助契約」（Contra Aidé）と呼ばれる新しい支援策が成立した。これは、若年失業者の雇用促進のためには企業が職業訓練所としての機能を果たすことが必要で、そのためには彼らに支払う給与や社会保障費の一部を国が負担するという支援策だ。ジャルダンもこの「援助契約」の恩恵を受けている。

差別や隔離のない状況が豊かな人間関係を育む

日本やフランスに限らず、世界中の多くの国では、「障がい者」「女性」「男性」「犯罪者」といったように、社会問題をカテゴライズして扱う傾向がある。もっといえば、「地方住民」「都市部住民」「若者」「高齢者」などもあるだろう。こうした一般住民を同時に扱うことは、想像しがたいことである。ジャルダンの特殊性は、こうしたカテゴリー別ブロックを廃止し、あらゆる人たちを一つにまとめて支援を行っているところにある。

それは、当事者にとっても運営するジャルダン側にとっても、一つのチャレンジである。差別や隔離のない平等な社会づくり、肌の色や宗教の違いを超え、置かれている問題とは無関係に一つのミニ社会を形成しながら共生・共働してゆくこと。ジャルダンの基本的理念の一つに「人間やその抱えている問題を一つの集団のなかに混在させ、さまざまな人たちを実社会と同様に調和させること」という一節がある。つまりジャルダンは、多様性のある社会にこそ、これからの未来への希望があることを示唆している。

このような社会をフランスでは、「ミクシテ・ソシアル」と呼んでいる。差別や隔離のない社会的共存性をベースに宗教や性別、社会的背景とは無関係に、人々が自由に行き来できる社会こそが、より成熟した豊かな人間関係を育んでいくといえるだろう。それはヘンケルさんが持つヒューマニズムの考え方と同一線上にある。

ジャルダンという実社会のシミュレーション

訓練生のプロフィールを見ると、年齢的には22～59歳の男女で、その比率は女性10％：男性90％と圧倒的に男性が多い。この理由として、女性の場合にはまだ、仕事をすることよりも家にいることが圧倒的多数を占めていることがあげられる。どんなに苦境に立たされても、ジャルダンのような施設に助けを求めにいくことより、じっと家のなかで我慢をするという体質が、フランスの地方にはいまだ深く残っていることを示している。

ジャルダンにいる人たちの抱えている主な問題は、低学歴、交通手段がない、健康問題、麻薬・アルコール中毒者、引きこもり、ホームレス、ノイローゼ、非識字者、破産者、刑余者、身体障がい者（2012年度は全体の6％）であった。

それまでは問題を抱えている者同士、自分たちが所属する特殊な社会的コード、習わし、同類同士で群れを成していた人たちが、ひとたび混合された実社会に身を投げると、新たな自分の居場所を見つけていく。自分とは価値観の違う人、自分より過酷な境遇にいる人たちと混じりあっていくうちに、新たな自分を知る。それが社会復帰できるという自信につながっていく。

「社会的困難に遭遇した人たちに対し、彼らの立場に立って第三者が代わって問題を解決してあげることや介入することは、絶対に不可能だということです。彼らをリスペクト（尊敬）し、耳を傾けて話を聞いてあげることや、規則正しい生活や安らぎ、価値ある仕事を与えることはできる。そして心の平穏を取り戻し、自力で立ち上がるのをじっと見守ってあげる。それには忍耐強く待つことしか我々にはできないのです」とヘンケルさんは強調する。

農作業は、読み書きができなくても障がいを抱えていても、誰もが参加することができる。共同作業というのは、自分一人でできることの限界を知るチャンスでもある。違う個性が信頼しあいチームとなって機能することは、何倍もの力を発揮する。

一粒の種をまけば植物になり、また最低限のプロフェッショナリズムがあれば野菜に成長する。気候の偶発的変化、季節のリズム、植物の多様性などあらゆる自然の摂理に直面し、その恩恵を受けながら自分自身を変貌させていくことができる。農作業というものは、一定の安らぎと満足感を与えてくれるものだ。

開かれた地元密着型のジャルダン

契約している人たちのなかには、定年退職をした人たちもたくさんいる。積極的にジャルダンに足を運び、野菜についての蘊蓄《うんちく》を語ったり、新しい料理のレシピを自慢したりと、いつの間にかジャルダンに入りびたりといった人たちも少なくない。そんな彼らは、少しでも自分が世間のために役立ちたいと、現役時代に培った経理や法律の専門知識などの得意分野を生かしてボランティアをしている人もいる。

現在、フランス全国のジャルダンには1500名のボランティアが働いている。「ジャルダンが孤立した島であってはなりません。開かれたジャルダン、みんながつくっていくジャルダン、そんなジャルダンこそが理想的です」とヘンケルさんはいう。

また、ビオ農業を実践していることから、環境学校として生物多様性についてもっと子どもたちにも知ってもらおうと、農園のなかにミニパークを併設しているところもある。地元の小学生たちが先生に引率されながら楽しそうに授業を受けているそのかたわらで、社会的弱者が農作業をしている様子は、当初ちょっと違和感があった。

しかし、彼らを隔離することではなく、もっとオープンにすることで、逆に子どもたちに現実の社会を知ってもらう。小さいころから差別という壁を取り払うことは、大切なことだ。自分たちもいつ職を失うかわからない危うい社会情勢のなか、失業者を自立させることは自分たちの課題でもあるというメッセージとして受けとれる。

訓練生の受け入れ

訓練生の受け入れは、「自立支援策」を受けるための手続き上、政府認可の就職斡旋所（日本のハローワークに該当）を通じて行われる。なるべく急を要する深刻な問題を抱えている人たちを優先的に受け入れており、期間は最低2か月から最長2年間。その訓練期間内に就職先が見つからない場合には、その理由いかんで滞在期間を延長したり、別の施設に送ったり、あるいは医師の診断で病院に入院させるなど、さまざまな処置にあたる。

パリ市郊外南西部

サンカンタン・イヴリーヌのジャルダンを訪ねたとき、一人の年老いた女性が野菜を洗っている姿が印象的だった。所長のアラン・ジェラールさんは「彼女はとっくに定年退職を迎えています。しかし身寄りのない彼女は、ジャルダンが唯一の生きがい。〝もう来なくていいですよ〟といったら、まったく行き場を失ってしまう。ですから、いたいだけここにいてもらっています」

規則に縛られることなくヒューマンな対応の例はたくさんある。その女性は一昨年の8月、日本から谷垣禎一法務大臣（当時）が視察に来たさい、案内役の一人としてジャルダンを紹介してくれた。とても生き生きと大臣と言葉を交わしていたのが印象的だった。

「なんのために生きていけばいいのか、なにを目標にして生きていけばいいのかわからないといった状況の人たちの、やる気を引き出すのはとても難しい作業です。しかし、それをやらなければ、ものごとというのは先に進まない」「大切なことは、与えられた仕事を責任をもってやり遂げる責任感や忍耐力です。将来自分が就きたい仕事を具体的にイメージして、それに向かって努力をしてゆくこと。それが希望につながっていくことであり、自立していくことの意味だと思います」とジェラール氏は結んでくれた。

社会的自立のために　まずは経済的な自立が必要

フランス全国のジャルダンで働く4000人の訓練生は、「自立支援策」のもと、一般企業と同じ労働条件で働いている。週26時間労働（一般企業は35時間）で、水曜日は職業訓練所や学校に通ってスキルを磨いたり、役所の手続きなど普段できないことに費やす。平均1日あたり6・5時間労働で、1か月の手取りは875ユーロ支給される。それに加えて活動連帯手当（RSA）という生活保護費のようなものが300ユーロ／月、国から支給される。それを合計すると、国が定める週35時間労働の法定最低賃金SMIC（Salaire minimum interprofessionnel de croissance：全職種成長最低賃金）1175ユーロと同額になる。

いったいなぜ国は、ここまでして手厚く保護をするのだろうか？

一つは、失業対策こそが国が掲げる緊急課題だからである。「あなたにやる気さえあれば、1年間は国が支援します。1年後に結果が出ないなら活動連帯手当（RSA）をストップします」。いたってシビアで明確な目標を定め、真剣に取り組んでもらう。

そしてもう一つは、社会的弱者を国が支援し続けたとすると、その社会的コストは天文学的数字になることが証明されているからだ。

2012年1月13日付の米国のコンサルティング会社「マッキンゼー・アンド・カンパニー」が行った「ジャルダン効果報告書」では、生活困窮者の社会復帰事業を経済的効果から見た場合、ジャルダンのようなNPOが運営することのメリットについて分析している。

これによると、毎年ジャルダンで自立支援を受けている4000人が、ジャルダンでの支援を受けずそのまま社会に放置された場合、国民が税金として負担する額は訓練生一人あたり年間18万4000ユーロ（約2500万円）と試算している。これがジャルダンで働いた場合、たとえ運営費が多少かかるとしても、国の財政負担を軽減できることになるという。

また、ジャルダンを卒業した訓練生が社会復帰することによって、新たな雇用を生み出し、購買力や消費量が増加し労働市場が活性化されることは、社会全体にとってメリットがある。さらには、犯罪率の低下、教育、家族とのトラブル減少、人間関係の改善等といったポジティブな事象に対する経済効果、社会的効果は計り知れない。つまり、国が直接介入するよりも、ジャルダンのようなNPOに投資することの方が、はるかに将来への投資としては効果的であるという結論だ。

国ができないことはジャルダンのような民間が行う「新しい公共」という考え方である。こうした政策はIAE（Impact des Actes Economiques：経済波及効果による自立支援）と呼ばれている。

継続することが大切

もともとNPOにとって国や行政は、共に社会問題を解決するグッドパートナーでなければならないはずだ。ジャルダンがここまで成功してこられた理由も、そんなパートナーと二人三脚でやってきたことだ。

「営利企業の生存率は起業後3年で約4割未満、10年で1割未満」だと、経営コンサルタント会社や起業セミナーではよく語られる（『人を助けて仕事を創る・社会起業家の教科書』山本繁著、TOブックス）。残念なことにソーシャルビジネスでは、おそらくもっと厳しい現実があると容易に理解できる。もしもジャルダンのようなビジネスがお金儲けの対象になるのであれば、とっくに営利企業が参加していただろうし、競合相手が山ほどいることだろう。しかしソーシャルビジネスの市場は、市場性が極端にないか、あるいは何らかの理由によって営利企業が見向きもしなかった社会のニーズに新しいビジネスモデルを仕掛けることだ。それには継続させることが、なによりも重要だ。そんな意味では20年以上の実績をもつジャルダンの成功の裏には、さまざまな理由があるはずだ。それはいったい何だったのだろうか？

Social Firm

「社会復帰のための訓練」と「仕事をする」を両立

現実に即した生産体制で、徹底した価値のあるモノづくりをすること

ジャルダンで大切なことは、訓練生を特別待遇で一つの「枠・囲い」のなかに押し込むのではなく、自然に仕事を身につけられる環境づくりを行っていることだ。

高度な資格を持つ農業専門家が、手取り足取り教えてくれる。できあがった野菜もクオリティーの高いもので、近隣のレストランからの引き合いも多い。こうした高品質なものづくり、最先端の持続可能な農業を推進していることは、訓練生たちにとってもプライドにつながってゆく。そのためには、労働条件も従来の農家とまったく同じ条件でなくてはならない。決して「社会的弱者だから」といった特別待遇、特別扱いをしてはならない。

モノを売る行為は価値あることだと認識させること

価値ある仕事に就くということは、いいかえれば自分たちが生産したものも価値あるモノだということだ。

籠のなかの野菜は自分たちが手塩にかけてつくったもので、それを販売する。よいモノであればよく売れるし、悪ければ売れ残る。そんな仕事の基本というものを徹底的に理解・体得してもらう。ジャルダンが市場原理を取り入れて販売価格もほかのビオ野菜と同一価格で販売しているのも、社会的弱者のつくるものだから少しぐらい粗悪品・いい加減・安ものでも仕方ない、ということではいつまでたっても彼らの評価は上がらず、自立には結びつかないからだ。第一、そんなものでは、商品は売れ残ってし

まう。

働く環境をきちんと整備すること

働く環境こそが、その人の価値を左右するものだとすれば、各自が抱えている特殊なケースを理解したうえで、一人ひとりのモチベーションを高めるためには、最低限の環境づくりが必要になる。それまで過酷な劣悪な環境にいた人たちである。ジャルダンが健全な場所、来たいと思える場所でなくては継続しない。

しかし、自立するための訓練の場であることも忘れてはならない。モラルを高めてゆくには、規則づくりは大切だ。ここにブルゴーニュ地方のマコン市にあるジャルダンの一週間のプログラムがある。

朝8時30分から12時30分、途中で昼休みをはさんで1時30分から4時30分まで五つのチームに分かれて作業が行われる。こうした規則正しいリズムから生まれる日常の所作の積み重ねこそが、やがて近隣との関係を円滑なものとし、ひいてはジャルダンの存在そのものが地域社会に受け入れられるようになっていく。

運営収支

現在のジャルダンの運営収支は次のようになる。

支出

種苗・農機具の購入20％

有給スタッフの給与30％

訓練生の給与50％

収入

ビオ野菜販売30％

民間企業・個人の寄付40％

国・EUからの補助金30％

理想的な運営をするための収入のバランスは、次のとおりだ。

- ビオ野菜販売25％
- 地方自治体・EU・民間企業・個人からの寄付30％
- 厚生労働省・農林省・社会連帯省など国からの補助金45％

訓練生の給与は国から社会保障費として支給さ

表 8-2　2012 年と 2013 年のジャルダンが公表する収支報告書

	2012年度	2013 年度
収入	2013,4000 ユーロ	2102,7000 ユーロ
支出	1968,7000 ユーロ	2066,6000 ユーロ
利益	44,7000 ユーロ	36,2000 ユーロ

（Réseau Cocagne　RAPPORT FINANCIER 2013/ BUDGET PREVISIONNEL 2014 より）

れ、ジャルダンの有給スタッフたち（経営幹部、技術者、ソーシャルワーカー、契約する消費者担当者、一般事務員）の給与は、野菜販売による収入と寄付で賄っている。国や地方行政、ＥＵと幅広い補助金制度に守られているのがわかる。フランスではＮＰＯの場合、野菜の売り上げ金額が全体の30％を超えると補助金がストップされてしまう。そのあたりの駆け引きが運営に反映される（表８－２）。

フランチャイズではなくネットワークである

同じものを立ち上げて動かす効率的なシステムとして世界中でよく知られているのは、中央集中もしくはフランチャイズと呼ばれるものである。しかし、ジャルダンでは、ネットワークを取り入れている。その理由として、各シャルダンの置かれている特殊性・独自性をリスペクトしながらも、一方ではジャルダン全体を一つにまとめて統率していくことの利点を挙げている。

フィギュアスケートは、フリースケーティング（自由なプログラム）とショートプログラム（規定のプログラム）の両方を兼ね備えて、はじめて一つのフィギュアスケートが完結するように、各ネットワークが置かれている状況をリスペクトしながら、全体のネットワークのメンバー同士がギブ＆テイクの関係で自由に情報交換することは大きなメリットになる。

行政当局は、ジャルダンの地域での活動には常に注意を払っている。それは、もともとジャルダンを設置しなければならないなんらかの社会的理由が、その市町村にはあったからだ。当然、地方行政もジャルダンをサポートする。仮に、もしもネットワークから独立して自分で経営していくことを宣言したら、行政は9割方「ジャルダンの共同体を去るのですから、もう財政支援は行いませんよ」という態度に出てくるだろう。つまりジャルダンがネットワークとして活動していることが、行政側にとっても安心してジャルダンと付き合えるといった特殊な状況下にいる。

コカーニュネットワークの強み

こうした理念の下、1999年に「レゾー・コカーニュ」(Réseau Cocagne：以下レゾー)とい名前のネットワーク組織が誕生した。メンバーたちは年に一度、テーマを決めてフォーラムを開催し、親睦を図っている。情報交換や問題提起をして全員で解決策を模索する、勉強会の趣が強い。

2013年、フランス南西部トゥールーズ市で行われた第14回フォーラムでは、『企業はどうやって社会的弱者を雇用していくか?』というテーマで話し合いが行われた。実際に民間企業の代表者がその体験を語り、社会的弱者を雇用する仕組みづくりを法律専門家や行政関係者などそれぞれの立場で語る。それに応えるべく人材をどうやってジャルダンが養成していくかなど、実践論が繰り広げられた。

ジャルダン設立に至るまでの五つの段階

次に、ジャルダンが設立に至るまでの五つの段階について述べる。

第一ステップ
——設立にまで至るのは年間8~10件

年間150件ぐらいのオファーのなかには、「広大な土地を所有しているので提供したい」「先祖代々農家だが土地に対する課税対策としてジャルダンを立ち上げたい」「ガーデニングが好きなのでやってみたい」「ビオ農業に興味がある」「社会貢献したい」等々がある。しかし、こうした要望には辞退をしてもらっている。

代わりに40~50代半ばの男女、「普通の会社で働いていたが、人生の分岐点を迎えて新しいチャレンジを試みたい」「長年、社会福祉の仕事をしてきた。農業は自立支援には欠かせない。ジャルダンは最も理想的な仕事」「私が住む地域は失業者が多い。ジャルダンのような施設が必要。少しでも失業対策に役立ちたい」という人たちには門戸を開いている。

実際に現地を訪ねて実現の可能性を検証する。また候補地の自治体にも足を運び、その地域でジャルダン設立のニーズがあるか、また行政として支援が可能であるか、住民の賛成を得られるかといった調査を行う。この段階でかなりの候補地がふるいにかけられる。

最終的に残った人たちには、レゾーの研修セミナーに参加してもらう。

第二ステップ
――ジャルダンのノウハウを共有

ジャルダンを立ち上げる際に最も重要なことは、「社会問題を解決することを仕事にしたい」という動機があることだ。「社会貢献をしたい」と考えている人はたくさんいるが、そういう人たちが実際に社会を変えていけるかどうかは未知数だ。もっと厳密にいうと、「社会貢献」と「社会問題解決」は、まったく違うものなのだ。

ジャルダンでは、後者を実現するために、20年以上の実績を分析し数値化して、そのノウハウを共有している。

第三ステップ
――人材育成プログラム

研修セミナー（有料）は年4回、レゾー主導で15人を一つのグループとして一週間行われる（40時間のセミナーで参加費は２０００ユーロ。ホテル・食費込み）。ヘンケルさんをはじめ、ジャルダン所長、財務担当、ソーシャルワーカー、野菜契約販売担当、また地方自治体からは自立支援策担当課、雇用担当課、社会連帯経済専門家などに参加してもらい、それぞれの立場で発言。ジャルダンの歴史・仕組み・存在意義・運営方法を知ってもらう。その上でもう一歩踏み込んで実現の可能性を検証する。

通常、その審査には6か月間を要し、年間１５０件のオファーが20件ほどに絞られ、さらに設立に至るのは8～10件である。

こうした事業計画はコミットメント（参加）、「みんなでつくろう」という意識が大事だ。事業計画を立てるときには、代表者が一人で決めるよりも、チームのみんなで多角的な角度からの意見を出し合って決める方が実現の可能性はより高い。

年間100か所のジャルダンを設立してその大部分が短期間のうちに閉園してしまうよりも、最初に厳重な審査をして10か所に集約してつくった方が長続きする。そういった意味では、さまざまな立場の意見を聞き、厳しい審査を通過して衆目の一致するところで判断が下されることが望ましい。自分もこれをつくった一人なのだという当事者意識はとても大切だ。

しかし、それですぐに開園というわけにはいかない。それからさらに具体化するまでには18～24か月間の期間がかかる。

第四ステップ

――ファンドレイジングについて(資金調達)

地方自治体の申請許可を得て、はじめて設立許可がおりるが、そこに至るまでにかかる費用の一部は自治体が負担する。これは国の「自立支援対策」という予算で賄われている。

参考までにジャルダンの設立にかかる費用は、最初の6か月間の審査期間として3万ユーロ。これはジャルダンを設立したい人が自分で負担する事前投資のようなもので、通常経営者が6か月間働いた場合の給与額に匹敵する。またレゾーが主催する研修セミナー、ならびに同スタッフを現地に派遣するリサーチ費用5000ユーロは、レゾーへの手数料として支払われる。こういった資金は、設立希望者の自己負担となるが、フランスでは社会起業家への資金提供を目的としたさまざまな基金財団が融資を行っている。

ジャルダンの設立が最終決定した段階で、次にインフラへの投資が始まる。農地の確保、農機具の購入、建物やビニールハウスの建設など設備投資におよそ25万～35万ユーロ。こちらもさまざまな基金財団が融資を行っている。また地方自治体・国・EUの「雇用促進・社会保障・農業活性化予算」が資金の一部を補助してくれる。こうした公的資金は大いに利用するべきだ。レゾーは長年の経験・実績から行政との信頼関係を築いており、「レゾー・コカーニュのお墨付き」があれば地方自治体との交渉もスムースにおこなえる点にも注目したい。

フランスでは、一般企業もソーシャルビジネスを立ち上げる起業家に対して資金提供を行っている。例えば、大手スーパーマーケットチェーンのカルフール、高速道路会社のヴィンチ、仏電気・仏ガス会社、シャネル、カリタ、ソシエテジェネラル銀行、保険会社のマシフ等々、「企業の社会貢献（ＣＳＲ）」というかたちでジャルダンを応援している。

また、個人からの寄付も受け付けている。レゾーのホームページを開くと「政策・マニフェスト」を説明しているが、その政策に賛同してくれた不特定多数の一般個人より小口投資してもらう「クラウド・ファンディング」が立ち上げられ、昨年1年間だけで20万ユーロの資金提供があった。こうした不特定多数の個人が簡単にネットでアクセスして投資する時代がやってきた。

しかし、お金を出す側にとってみれば、寄付もある種の投資である。それ相応の成果が求められ、その水準はかなり高い。アメリカの寄付市場は年間約20兆円、かたや日本は７０００億円といわれている。今後、寄付市場は大きくなる可能性はあるだろうが、寄付に頼りすぎる限り、ソーシャルビジネスにも限界が来る。

一方、税制面でも個人の寄付には、さまざまなメリットがある。レゾーでは地方銀行のクレディ・アグリコル（農業銀行）と提携して銀行が運営する「リーヴレＡ」と呼ばれる貯蓄型投資（障がい者等の少額預金の利子所得等の非課税制度。通称「マル優」のようなもの）の利息をジャルダンに寄付すると、ジャルダンが受領証明書を発行する。すると地方税が66％控除されるという方式である（日本では「特定ＮＰＯ」がこれに該当する）。また高額所得者にかかる富裕税も最高で、75％が控除される。資金提供をしてくれるパートナーを見つけることはとても重要なことであるが、こうした税制面でのメリットがあることも、寄付文化が定着する要因にもなっている。

ジャルダンを経営していくうえで、訓練生に支払われる給与は国からの補助金で賄われているが、年間最低でも60％の社会復帰率を達成しないと予算はカットされてしまうという、大変厳しいノルマが課されている。パリでは比較的仕事が見つかりやすい状況だが、地方ではなかなか仕事が見つからず、厳しいのが現実である。

第五ステップ
――発展・拡大に向けたプロジェクト

レゾーは、これからも発展・拡大路線を目指し「開発研究」チームを立ち上げ、「開発研究基金」も設けて各プロジェクトの実現に向けて資金提供を行っている。また、訓練生が社会人として自立・復帰するためには地元企業のサポートはとても重要。そのための仕組みづくりを行っている。

有機農法で花卉栽培を行っている「フロール・ド・コカーニュ」

①社食・給食など集団給食のレストラン設立
②野菜加工品の缶詰工場設立
③一般客を対象としたビオ・レストラン設立
④野菜籠をパッケージとする商品化、「コカーニュ」ブランドの作成
⑤「フロール・ド・コカーニュ」という切り花の商品化（女性のための社会支援策）
⑥都市を農業化・緑地化していく計画、「コカーニュ・ビオ」ラベルを立ち上げて環境型農業を実践
⑦訓練生と企業のリクルートを強化するための「企業クラブ」の設立

Social Firm

社会連帯経済という考え方

フランス国民総生産の10％の雇用を生み出している「社会連帯経済」

フランスではいま、「社会連帯経済」（ＥＳＳ：Economie Sociale et Solidaire）と呼ばれる新しい

経済概念に注目が集まっている。

　これは、日本の特定非営利活動法人に似た存在で、フランスで施行された「１９０１年アソシアシオン法」の範疇における法人のことを指し、生産協同組合、共済組合、財団を総称してこのように呼ばれている。個人の利益を追求することではなく、豊かな社会を目指してアクションを起こす団体、すなわちソーシャルビジネスを行う企業のことだ。まだ少数ではあるが、それでも国民総生産の10％、２００万人（フランス国民人口６３００万人）の雇用を生み出している。

二つの原則――「一人一票」と「制限つきの利益追求性」

　フランスで最も大きな保健会社のいくつかは、共済組合の形をとっている。つまり、組合員と呼ばれる加入者たちが投票し、規則を定める。もう一つの大きな原則は「制限つきの利益追求性」というもので、個人が過度に富を増やさない。生活するためのお金を持たないという意味ではなく、当然給料は得られるが、株主のいる会社のように利益に比例して支払われるということはない。経営を担う者をコントロールするための、民主ガバナンスというもう一つの特徴を持った適度な富の分配である。こうした組織で常に意識されているのは「一人一票」、つまり構成員各人が経営に参加して運営についての意見を述べることができるという点である。

「社会連帯経済」はどのような経済概念だろうか？

「利益を生み出すこと」が経済活動の到達地点である資本主義経済では、経済最優先・利益追求型社会、新しい技術やテクノロジー、迅速な情報手段によって、ますますグローバルな経済へと邁進《まいしん》している。それは社会の豊かさを生み出す反面、格差・競争社会をつくりだした。

　こうしたグローバル経済に乗り遅れた人たち、スキルも何も持たない人たちは落ちこぼれ、プレカリテ化、すなわちニート化している。その結果、社会は不安定になり、取り残され排除された人たちがちまたにあふれ、個人というものが完全に無視され、「利益を生まない集団はもう存在価値がない」というわんばかりに淘汰されつつある。

そんな社会に警鐘を鳴らし、もっと違った価値観・意味を持たせることができるのではないか。それが「社会連帯経済」の根本的な考え方である。

社会連帯経済は、利益追求とは一線を画し、民主的な経営によって社会的弱者の支援、平等の実現、地域社会の維持、環境保全、国際的連帯など、社会再生を目指している。フランスでは、国内総生産の約10％を占め、担当大臣も置かれている。２０１４年には社会的連帯経済法が制定され、発展が目指されている。

志の高い若者が支える社会連帯経済

フランスでは、社会連帯経済を担う団体として、非営利活動法人、協同組合、財団、企業などがある。そのなかの一つとして、フランス・アクティブというＮＰＯ組織がある。ジャルダンのような就労困難な人向けの雇用創出などをサポートする社会的企業に対して、資金提供・人材育成などの面で支援するのが目的である。１９８８年設立で、フランス全土の41か所で展開しており、これまで３万３０００人の社会的企業を支援し、約32億円の資金調達を行ってきた。

「社会的連帯経済」を進める企業、起業家の事業を審査し、銀行から融資を受ける際に債務保証をしたり、マイクロクレジット（少額融資）を行っている。債務保証は、事業が失敗した場合は、銀行からの融資の３分の２をフランス・アクティブが返済する、という内容である。これによって、銀行が融資しやすくしている。現在の債務保証の成功率は82％である。

ミッテラン政権時代に大統領府官房長官、経済産業・財務大臣を務め、現在フランス・アクティブの代表を務めているクリスチアン・ソテー氏は、「社会連帯を掲げる企業をつくるには、志のある若い社会的起業家の育成と、事業を支える資金の調達が最も重要である。これまでは、技術分野でのイノベーションの重要性が叫ばれてきたが、これからは社会的な面でのイノベーションも重要となる」と強調する。経営では高い志に加え、事業を理解し、資金を確保する経営能力が求められる。

フランスでは、多くの学生が大企業で働くよりも意義があると考え、社会連帯経済に関心を持ち起業に取り組み始めている。そうした若者にジャルダンで研修をしてもらい、自分で新たな農場を立ち上げられるよう支援することもあるという。フランスのソーシャルファームは、こうした若者の力で前進していると言っても過言ではない。

「社会連帯経済」の考えをもつ「連帯企業」＝ソーシャルファーム

社会的弱者が何らかの理由によって人生から転落し、しかし、もう一度自信を取り戻して生きていける社会。生活保護に頼らず、自力で生きていける社会。そんな未来を再構築していくにはどうすればよいのか。

生産・消費・雇用・貯蓄といったマクロ経済を、ローカル・地元を一つの単位として行っていったらどうか。こうした考え方をポリシーにもつ企業を「ソリダリティー・コーポレート」、訳して「連帯企業」と呼んでいる。ソーシャルファームがそれに該当する。

社会的弱者の就職活動を支援する「企業クラブ」の設立

企業の社会貢献（CSR）が声高に叫ばれるなか、考え出されたのが「企業クラブ」（Club Entreprises）の設立だ。

2007年、南仏アヴィニョン市のジャルダンでは実験的に、地元企業と連携して訓練生の就職先を探すための受け皿づくりを行った。

これは、ジャルダンの卒業生の就職先と企業が求める人材のニーズのマッチングを模索するもので、ジャルダン内にコーディネーターを設置して卒業生のリストをつくり、それをもとに企業が雇用したい人材と当てはめながら就活を行っていく。それは一定の成果をもたらし、2009年には全国的にネットワークを持つ「R・A・M・E・A・U」（le Ra yonnement des Associations par le Mécénat d'Entreprises d'Administrations et d'Universités）と呼ばれるＮＰＯと連動し、本格的な就職活動を行っている。

高付加価値の「商品づくり」から高付加価値の「社会づくり」へ

しかし、ソーシャルファームも一般企業と同様に、利益を生んでいかなければならない。例えば社会的に排除された人たちを雇用し、低所得者向けのサービスを充実させながら生活レベルをアップさせていくこと。それも新しい価値観として、経済を牽引してゆく原動力になる。

高付加価値の商品づくりが企業に求められているのは、今日では当たり前のことだが、これからは高付加価値な社会づくりも必要だ。言い換えれば、企業は商品価値の高いものを生産するが、商品を買う一般市民も直接消費者として参加できて、積極的に地元で採れたもの・生産されたものを購入して地元に還元していく。地産地消は、結果的には国・地方にとっても利益をもたらし、豊かになるシステムだ。そんなプロセスこそが高付加価値のある社会を考えてゆく原動力といえる。

自立するために個人ではなく仕組みづくりに投資すべき

すでに成功しているソーシャルファームは、たくさんある。身障者を積極的に雇用している企業、排除された人たちのための住宅を提供している企業、ニートのための教育機関、低所得者のためのレジャー産業、そのほかリサイクルや環境分野など、多岐にわたっている。

ジャルダンが提案しているのは、職を失った長期失業者を最大の労働力と見なし、彼らを雇用して経済を活性させてお金を生み出してゆくことにある。それは自立にもつながり、地域経済の発展にも一役買う。すでに25万〜30万人の雇用に成功している。

自立させるために直接、個人に支給することではなく、自立のための仕組みづくりに投資すべきだと考えている。「個人に支給すると家から一歩も外に出なくなる」というのはヘンケルさんの持論だが、引きこもりは社会の負である。一人でも多くの人たちを外に出させることは、健全な未来社会をつくっていくための原動力でもある。個人の救済という緊急を要することに、行政の社会コストはとてもお金がかかるのである。

新しい雇用をつくりだす大きな原動力

こうした連帯経済はもちろん、市場経済の代替になるものではない。しかし、ピラミッドの底辺にいる人たちを社会に参加させ、経済活動の歯車の一つとして働いてもらうことは、国にとっても大きなパワーとなる。とくに景気不安定が続く現在のヨーロッパでは、今後ますます、こうした概念は機能していくものと考えられる。

未来の子どもたちのためにも、また限られた資源を有効に活用していくためにも、雇用もローカルで行い、可能な限り労働力が外部に流出しないことだ。それは、新しい雇用をつくりだす大きな原動力となっていくはずである。

ジャルダンの未来――「メゾン・コカーニュ」の誕生

パリから南へおよそ20㎞、「サクレー台地」と呼ばれる広大な一角は、かつては農業が盛んだった。風光明媚な景観やパリからのアクセスのよさなどにより、１９６０年代以降、企業や大学を誘致して学園都市に変貌を遂げた。２０１０年には、この一帯をパリのシリコンバレーにしようと、国と自治体が共同で「サクレー・キャンパス」を建設し、将来のハイテク産業の中心に据えた。

そんなサクレーに２００９年、ジャルダンは広大な土地を取得した。ベネディクト派修道院サンルイ・ド・タンプルが所有する農地・修道院が売りに出され、「自立支援と社会連帯経済で街を活性化」という計画で、見事にコンペでジャルダンが満場一致で選ばれた。最初のジャルダンを立ち上げて20年、レゾーに拡大して10年、そんな節目として新しく「メゾン・コカーニュ」に向けた新たな一歩を踏み出した。

新しく誕生した、メゾン・コカーニュ

ジャルダン・ド・コカーニュ・リモンではパニエに入りきれなかった野菜もこうして単品で販売されている

地元の民間企業や行政機関も賛同してくれ、また個人からの寄付も集まった。なかでも「フランス・インスティチュート」と呼ばれる権威ある国立アカデミーが毎年人道的アクションに貢献した人たちに贈る『ルイDヒューマニティー賞』をジャルダンが獲得し、３００万ユーロ（４０００万円）の賞金を受け取った。

２０１３年には工事もほぼ終了し、「メゾン・コカーニュ」がオープンした。近隣には14haの農地を取得して２５００㎡の農業用施設を建設し、未来型ジャルダンの拠点となる「ジャルダン・ド・コカーニュ・リモン」が誕生した。すでに、スタッフを雇用し、２５０軒の契約家庭に毎週野菜が届けられている。

このプロジェクトには、レゾーの本拠地としての機能に加えて、新たに自立支援のための農業施設、職業訓練所、ジャルダン経営者の養成施設、ビオ農業専門家の資格取得のための学校を計画している。また、社会的弱者の就労の場としてのレストラン「ターブル・ド・コカーニュ」の設立、ホームレスのための収容施設など、ジャルダンが歩んできた20年間に蓄積したノウハウのすべてを備えた総合センターとして機能させてゆく計画だ。

21世紀型の新たな社会モデルの模索

ジャルダンは、社会的弱者の自立支援をビオ農業に従事させるという、人間本来が持つ可能性を引き出すために、「肉体労働」という普遍的なもので成功をおさめてきた。しかし、さらなる発展を目指し次世代にバトンタッチしていくには、新たな取り組みも必要だ。

その手始めとして、ハイテク技術による実験農業を、このメゾン内につくることを計画中だ。サクレー・キャンパスに隣接している理系高等学校「ポリテクニック」や環境・農業エンジニア養成校「アグロパリテック」、高等商業学校「HEC」など、グランゼコールと呼ばれる高等教育機関の学生らと協同でロボットを使った実験的農業も試みようとしている。こうした未来型のジャルダンを建設してゆくことで、ジャルダンにまた新しい風が吹き、若いエリートたちがどんどん参入してくる。そんなことをヘンケルさんは願っている。

社会的弱者の自立支援事業からスタートしたジャルダンだが、これからは農業をベースにした21世紀型の新しい社会モデルを模索して、ダイナミックなジャルダンに変貌しようとしている。全国130か所に点在するジャルダンが未来型の農業を実践できる場となれば、また新たなマーケットを拡大することができる。

ジャルダンがこれまで成長してきた理由

ジャルダンが歩んできた道のりは、けっして平たんではなかった。しかし、これだけ大きく成長してこられた理由は三つある。

一つめは、フランスが抱える慢性的な不況が大量の失業者を生み出し、ジャルダンのような受け皿が必要だという現実。

二つめは、その盤石な組織力、その道に長《た》けたプロフェッショナルの集団であるということ。

そして三つめは、ヘンケルさんの情熱である。彼の人間力や洞察力はもちろんだが、なによりも苦しんでいる人たちを優しく包み込んでくれるその包容力には無限な可能性があるということだ。それはけっして彼らを甘やかすことではない。アメも鞭も必要である。しかしけっして諦めない。粘り強くその人たちの潜在力をじっと待つことを知るということだろうか。そんなヘンケルさんのカリスマ性こそが、今日のジャルダンをここまで大きくしてきた原動力のような気がする。

やるべきこと、できることをやる

今日の経済は、とくに金融化と過剰さのなかにおいて、多くの富を生み出しているとはいえ、同時に多くの貧しい人を生み出している。また、砂漠化、地球温暖化、水不足、オゾン層、放射性廃棄物など環境問題も深刻である。さらに２０５０年には90億人に達するという人口問題、それに伴う食料問題やエネルギー問題。それらが同時に起こり、増大し絡み合う、こうした危機に直面する、これこそが私たちの未来であり、人類がかつて直面したことのない未曾有の状況である。こうしたこれまで経験したことのない危機に立ち向かうために、革新的な解決策が必要である。

あるフランス人の作家は、いつも次のような小話を引用する。

『ある森で大火事が起こり、誰もどうしていいかわからずにいます。そこに鳥類で最も小さい鳥であるハチドリが、水を一滴とり、火の上に落とすのです。皆がばかにします。この水滴と大火事はまったく尺度の違うものだからです。でもハチドリはこう言います。「私は私がやるべきこと、できることをやっているのだ」と』

ジャルダンが、そしてヘンケル氏がやるべきことの根底は、昔もいまも、そしてこれからも変わらない。働き続け、富をつくり、雇用を生み出してゆく。同時にエコロジーの面でも無茶をせず、人々を道路脇に置き去りにしたくないのなら、なによりも私たち一人ひとりができることを少しずつでもいいからしていこう、という意識を持つことが喫緊の課題である。

第９章

地域づくりのジグソーパズル＝マスター図面は誰がもつ！?

～ＮＰＯ法人コミュニティシンクタンクあうるず～

NPO 法人コミュニティシンクタンクあうるず 理事　菊池 貞雄

現在、十勝地域はヨーロッパの農業国並みの平均農家経営面積を有し、食料自給率（カロリーベース）1,200％を超える日本有数の農業王国である。しかし、ほかの地域同様に、農村が抱える課題は山積みである。農業、環境、教育、情報、福祉などをキーワードとして、市町村単独では解決しえない広域性や、複数の課題が相互に密接に関わる複合性が、いよいよ増していくと考えられる。

そのような課題に対しては、地域の知恵を集積し、住民自らが地域の目指す方向について明確な意思表示をすることが求められるようになる。そこで、産官学民のシームレスな地域づくりの新たな母体となるプラットフォームが必要であると考え、2002 年に NPO コミュニティシンクタンクあうるずを発足した。

Social Firm

コミュニティシンクタンクという地域のプラットフォーム

ソーシャルビジネスとまちづくり

本章では、ソーシャルファームジャパンの事務局である当会（コミュニティシンクタンクあうるず）が取り組んできた活動を例にして、地方部におけるソーシャルビジネス、つまり「まちづくり」について考えていく。ソーシャルファームとまちづくりがどう結びつくのか、疑問に思う方もいるかもしれない。しかし、これまでの章を読んでいただいた方には理解していただけるはずだ。

地域が抱える課題は、少子高齢化、人口減少、担い手不足をはじめ、農林水産業や観光等の振興、エネルギー問題、環境、福祉など多岐にわたり、それぞれの境界があいまいになり、複合的になっている。その課題解決のためには、担い手だけではなく、民間企業、行政、住民がそれぞれジグソーパズルのピースとなり、地域全体を描き共有する必要がある。

地域のヒト・モノ・ココロの資源を活用して、就労が困難な方の働く場をつくる「ソーシャルファーム」は、まさに地域のさまざまな課題を解決するまちづくりに直結している。

コミュニティシンクタンクという考え方

では、誰がそれら地域の諸問題に取り組む拠点となるのか。

地域社会における情報発信や知識創造を行う組織として、これまでは地方自治体や研究機関が中心的存在であった。しかしながら、地方自治体の情報発信は一方向的であり、生活者の視点に欠けている場合がある。また、役所の職員という限定された人材による議論から生まれた知識は多様性が少なく、地域住民のニーズとのずれが生じる場合もある。一方で、研究機関は知識創造の場として重要な役割を果たしているが、比較的閉鎖された組織であり、地域社会のニーズに応えてきたかというと十分ではないと思われる。

そこで、地域住民が新しい情報・知識の創造を促進する場を提供し、それらを地域社会の課題解決へ結びつけるための拠点となる、コミュニティシンクタンクという概念が生み出された。

日本におけるコミュニティシンクタンクの草分け的存在である、ＮＰＯ政策研究所の理事である直田春夫氏によれば、コミュニティシンクタンクとは、「地域において三つのセクター（市民、行政、企業）をつなぐとともに、市民の立場から情報や専門性を活かして市民活動を支援するとともに市民をエンパワーメントとしていく機関」と定義され、その活動の成果として「今後の成熟した市民社会の到来をより促進し、社会の自己改革力（社会的対応力）を増進することができる可能性」が展望されている。

従来のように、なんでも役所にまかせておけば解決されるという受け身姿勢でなく、地域に暮らす生活者としての市民自らが問題解決に積極的に関わっていくことが、いま求められている社会のあり方であり、そのことをうまくつないで具現化していくための中核的な存在として、コミュニティシンクタンクが担う役割は地域において大きい。

農村が抱える課題を解決するコミュニティシンクタンクあうるず

コミュニティシンクタンクを名乗る組織はあまり多くないが、当会が設立された２００２年から考えると、多少増えた。

当会は、今後さらに進行するであろう単一の地方自治体では解決できない広域的な課題や、環境課題、教育課題、循環型社会形成といった複合的な課題に対して、地域の知恵を集積し、住民自らが地域の目指す方向について明確な意思表示をすることを目的に設立された。立ち上げ当初は、地元コンサルティング職員らが中心となり、大学教授、会社員、公務員などさまざまな職種の市民によって構成された。中心的メンバーを除けば、必要なときに必要な能力をもったメンバーが参画することで事業を遂行している点が、民間企業型のシンクタンクと異なる特徴である。

Social Firm

地方における ソーシャルビジネスの課題

まちづくり活動は ソーシャルビジネスである

近年、活力が低下する地方部のまちづくりの考え方として、ソーシャルビジネスという言葉が聞かれるようになった。田舎の活動者である筆者から見ると、地方部でのまちづくり活動はそのままソーシャルビジネスであると考えている。

地域社会においては、環境保護、高齢者・障がい者の介護・福祉から、子育て支援、まちづくり、観光等に至るまで、多種多様な社会課題が顕在化しつつある。このような地域社会の課題解決に向けて、住民、NPO、企業など、さまざまな主体が協力しながらビジネスの手法を活用して取り組むのが、ソーシャルビジネスである。

人々の価値観やニーズが多様化し、行政だけではこうした社会的課題への対応が難しくなっているなかで、社会的課題やニーズを「市場」として捉え、それを解決するための取り組みを持続的な事業活動として展開する、ソーシャルビジネスに注目が集まっている。

ソーシャルビジネスが一般企業の営利事業と最も

〈法人概要〉
組織名：NPOコミュニティシンクタンクあうるず
代表：菊池貞雄
所在地：北海道帯広市東2条南4丁目10番地
電話：0155－67－6305
URL：http://www.owls.ne.jp
設立年：2002年9月
法人実施事業：地域が抱える課題である、環境改善、社会教育の普遍化、循環型社会の形成、情報化の促進等に対応するため、現在に生き、地域の牽引役となっている世代のシームレスな地域づくり集団として「コミュニティシンクタンク」を立ち上げた。地域づくりにおけるハブ機能を保有しながら、地域戦略、施策に関する提言を行い、それを実行する団体として、環境、農業、デザイン、観光、福祉、教育等、農山漁村に必要なあらゆる分野で活動している。ソーシャルファームジャパンの事務局も担っている。

異なるところは、事業の目的として「利益の追求」よりも「社会的課題の解決」に重点を置いていることである。また、ソーシャルビジネスがボランティア活動と異なるところは、社会的課題に取り組むための活動資金を、寄付や行政からの助成よりも、ビジネスの手法を活用して自ら稼ぎ出すことに重点を置いていることである。この考え方は、ソーシャルファームの思想と合致する（第1章参照）。

地域づくりボランタリー活動の限界と持続的発展

ソーシャルビジネスの定義については、経済産業省「ソーシャルビジネス研究会報告書（平成20年4月）」を参考にすると、以下の①～③の要件で説明できる。

①社会性

現在解決が求められる社会的課題に取り組むことを事業活動のミッションとすること。

②事業性

①のミッションをわかりやすいビジネスの形に表し、継続的に事業を進めていくこと。

③革新性

新しい社会的商品・サービスやそれを提供するための仕組みの開発、あるいは一般的な事業を活用して、社会的課題の解決に取り組むための仕組みの開発を行うこと。

ソーシャルビジネスと従来の地域づくりとの差を考えると、もともと地方部のボランタリーな地域づくり活動は、社会性に重きが置かれているため、①の社会性の条件は合格だろう。しかし、仕事として②の事業性を持っているかどうかについては、やや怪しくなってくる。③の革新性に関しては、いままでの地域づくり活動は事業性を視野に入れていないことから、ともすれば既存のまちづくりスケジュールをこなすだけのものになっていないかと思い当たる。

記憶を引き継ぎ複合的、広域的に発展する

住民が中心となってボランタリーな活動を進めて

も、地域の中核にいる自治体の協力なしにはなかなか進まないのが現状である。プロジェクト初期段階では自治体の当該部署の方と連携がとれているが、数年たつと転勤や配置転換があり、役場内でのプロジェクトの記憶が薄くなっていく。せっかくの活動も10年後には「あったね、その活動！」ということになってしまう。

この結果、地域の課題はいつもほぼ共通であることから、住民と役場担当者の組み合わせだけが異なるというように多少カタチを変えただけで発足していくことになり、いわばプロジェクトのスクラップ&ビルドになってしまう。活動した記憶を蓄積することは必要であるが、そのためには地域の住民に記憶をひきつぐ仕組みを装置することが重要である。

以前と異なり、近年の地域が抱える多くの課題は、それぞれの境界があいまいになっている。当初は景観改善活動であったことが徐々に農村や環境ツーリズムにつながったり、河川環境の水質浄化などの環境課題と連結したりと、近年の地域づくりは「複合的」になっている。

しかし、役場の担当課はそれぞれに境界がある。例えば、乳牛や豚などの家畜について考えてみる。通常、畜産の担当は農林課であるが、家畜ふん尿などのバイオマスからエネルギーにすると産業課、ふん尿の流出防止は環境課、農作業体験は観光課というように多岐にわたる。

このため、複合的な地域課題に対応しようとする住民には、企画課や地域振興課などの役場のコーディネーターが重要な役割を果たすようになってきているが、マンパワーも含め十分には対応しきれていないのが現状である。

地域の課題は、隣接する自治体間で大きく変わるわけではなく、少子高齢化問題や、雇用問題はじめ、エネルギー問題、農林水産業や観光等の振興課題など共通する課題も多い。加えて、人口減少が続く自治体では財政規模も縮小せざるを得ない状況にあり、単独の自治体だけで取り組むことが困難となってきている。

このため、共通の課題を有する複数の自治体が連携した取り組みが重要となってきている。

図９-1　最終消費からみた飲食費の部門別帰属額、帰属割合

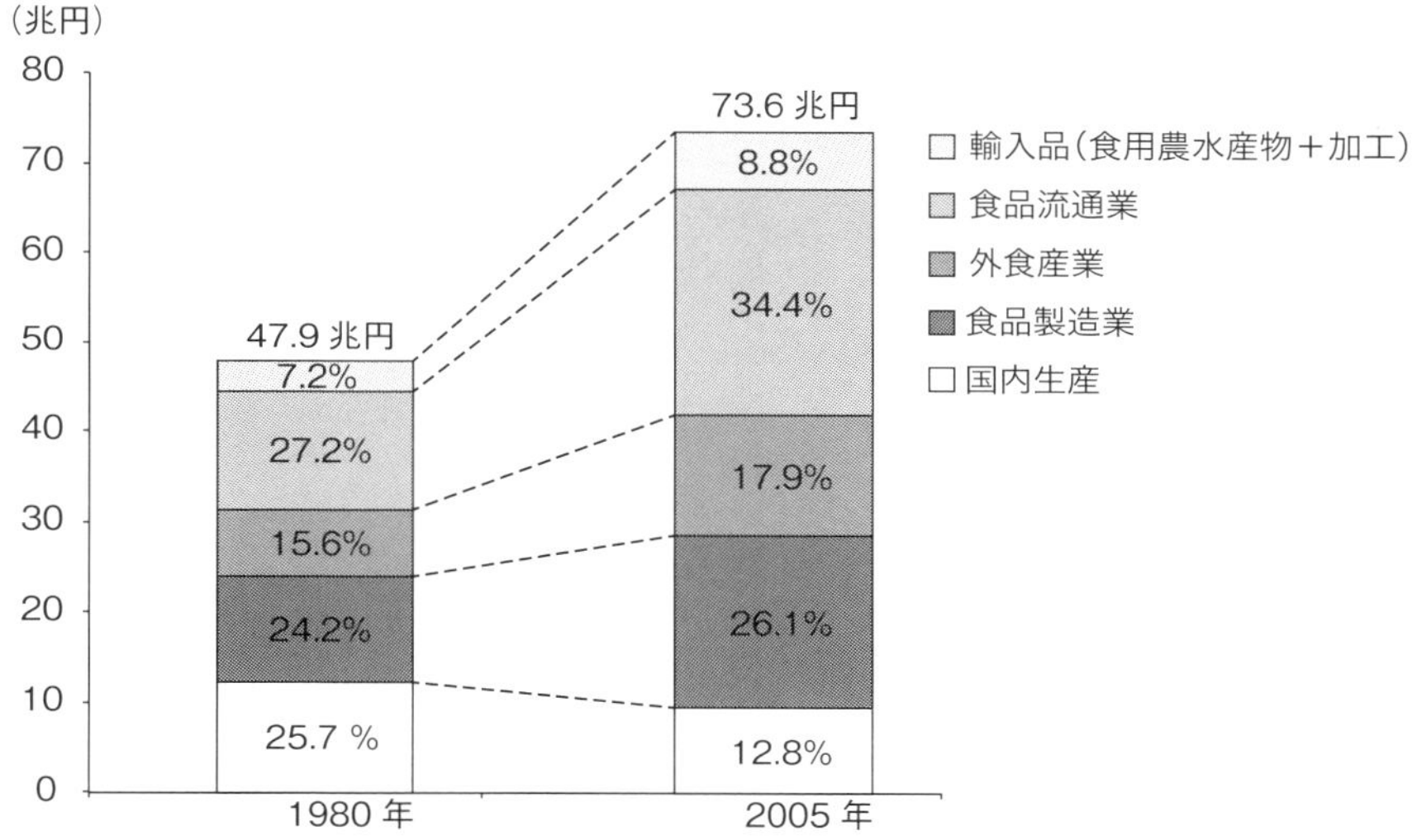

注　農林水産省大臣官房情報評価課「農林漁業及び関連産業を中心とした産業連係表(平成 17 年)
より作成。

地域づくりの新たな形としての ソーシャルビジネスの仕組みが必要

　このように、少子高齢化の進展等によって地方部の活力の低下が進むなかで、地域づくりを推進することは容易ではない。これまでその中心を担ってきた行政は、求められる役割が多岐にわたってきているものの、財政の停滞、マンパワーの不足など、資金面、人材面で大きな課題を抱えているのが現状である。

　こうした現状を打開するためには、いままで以上に住民や民間のパワーを活用していくことが不可欠である。これまで行政が行ってきた施策や事業を住民や民間が担っていく仕組みをつくっていくための考え方として、ソーシャルビジネスの考え方が重要になってきているといえる。

　地方においては雇用の場が少なく、社会的な課題が多いことからソーシャルビジネスの可能性は高いと考えることができるが、前述したように地域のムーブメントの多くがボランタリーな活動であり、ビジネス的に展開することはハードルが高いというのが実情である。

ここで、あるデータを示す。農林水産省では産業連関表をもとに、実際に消費者が支払った金額が、国内生産、食品製造業、外食産業、食品流通業、輸入品（食用農水産物＋加工）の、どの業界に属しているかを調べている。

1980年の飲食費総額は47・9兆円であり、国内生産のシェアは25・7％を占めていた。100円の食品を消費したときには26円が国内の一次産業に支払われていた計算だ。しかし、2005年には総額73・6兆円となり、1・5倍に拡大したにもかかわらず、国内生産のシェアは12・8％に低下し、100円の食品を消費したとき、国内一次産業に13円しか支払われないということである。一方で、外食産業、食品流通業が大きくシェアを伸ばしている。つまり、これは農林水産業の収入が半分になっているということだ。

この事実と、農山漁村の担い手がいなくなり、都市圏へ人が流れているという現状は、密接につながっている。そこで、今後地方部においてソーシャルビジネスを展開していく上で、特に重要な視点について以下に整理した。

地方に欠けている視点①　マーケティング

人口密度が高い首都圏で議論をしていると、「よいモノさえつくれば売れる！」ということがいわれる。確かに狭い範囲に数万人住んでいる都会では、購買力が高く、商品が完売し、専従者を雇用できる可能性は高いといえる。しかし、地方では購買人口が少ないため、その地域内での販売だけでは、専従者の給料を充足することはできない。そのため、より購買人口が多い地域に向けた広報宣伝、営業などが必要となってくる。ソーシャルビジネスといえども、中小企業経営者と同様の能力が必要とされる。

一方で、田舎での社会的課題を解決した商品は、購買人口が少ないために大都市圏域まで運ばなくてはならないことや、大都市に運ぶとその商品がもっている社会的価値が希薄になってしまい、購買動機が希薄になるなどのデメリットがある。

そのため、田舎のソーシャルビジネスをサポートする団体が都市に必要になるはずである。田舎の課題を代わりに代弁し、解決できた商品の販売を行ってもらえる。ローカルの住民→ソーシャルビジネス（ローカル）→ソーシャルビジネス（都会）→都市住民に田舎の課題を伝えて販売する、というような階層性をもった展開が必要である。

地方に欠けている視点②
地域のストーリーを伝えるデザインの視点

その商品がソーシャルビジネス商品であるという由縁は、その商品が有する社会的課題の「ストーリー性」を理解することから始まる。対面販売ができる状況であれば、志を直接口頭で伝えることが可能であり、共感・共鳴して購入してもらえる。しかし、消費地から遠隔にある地方の社会的課題の理解と志を消費地の販売員に託すことは容易ではない。

このため、この志を商品パッケージやパンフレットで的確に伝えるデザインマインドが必要となる。

その意味で、ソーシャルビジネスにおいてデザインは基盤であり、それぞれの担い手が独自に人材確保するより、専門職を共有財産化するほうが地方においては効率がよいと考えている。

地方に欠けている視点③
コミュニティシンクタンクの意義

それぞれの担い手は毎日、社会的意義の高い活動を行っているが、それらが相互に連携してなんらかのプロジェクトとして展開するとなると、各分野の担い手の守備範囲から外れていく。福祉分野と環境分野の境界線にあるものを示して共有しなくては、複合的な活動にはならない。

コミュニティシンクタンクは、行政と住民の境界、住民団体相互の境界、隣町などの行政界の課題を乗り越えて活動しやすくする共通目標を設定する役割を担う。担い手、民間企業、行政などのそれぞれのピースを組み合わせて、「地域」というジグソーパズルの全体像を描き、共有する必要がある。それぞれがピースとして隣接するセクターとの位置関係を認識し、相互に活動しやすくなる状況や場をつくることが必要となる。

Social Firm

地方の資源を活用したソーシャルビジネスの実例

ソーシャルビジネスを具現化した取り組みとして展開するためにはどうしたらよいか。私どものNPOがコミュニティシンクタンクとしての役割を果たすためには、なにをしたらよいか。この糸口を見つけるために、NPOあうるずでは、現在、十勝・帯広を中心に地元行政の方々や多くの地域の方々と連携しながら、取り組んでいる。

地域の邪魔者（バイオマス）を使った地域づくり（バイオマス事業）

農林水産業が基幹産業である十勝では、一次産業における生産現場、加工施設で発生するバイオマス資源が多いことから、古くは1970（昭和45）年よりバイオガスプラントが建設されている。バイオガスプラントとは、家畜ふん尿や生ごみ等をメタン発酵させ、発生するバイオガス（メタンガス60％、二酸化炭素40％）を有効利用する施設である。

北海道を訪れて車の窓を開けながら農道を運転していると、家畜のふん尿の臭いがした経験をお持ちの方も多いと思う。北海道の酪農家1戸あたり飼養頭数は約100頭である。乳牛1頭で1日60kgものふん尿をするので、酪農家は1日6tものふん尿を毎日処理しなければならない。家畜ふん尿は労働的にも経済的にも酪農家の負担になるだけでなく、周囲への悪臭による観光への被害や、河川流出や地下水浸透による水質汚染など環境問題にもつながってくる。バイオガスプラントは、酪農家から出てくる家畜ふん尿を原料として、再生可能エネルギーを生み出すだけでなく、臭気対策や農業生産力の向上、余剰熱を活用した新たな産業づくりなど地域への波及効果は大きい。

2015（平成27）年12月現在、北海道内で建設されたバイオガスプラントは60基が稼働している。鹿追町にある乳牛1300頭規模の集中型バイオガスプラントは、安定的に稼働しており約２３０万kw／hの電力を生み出しており、一般家庭６２０戸分の電気使用量に相当する。

地域への波及効果が高いバイオマスエネルギー

バイオマスエネルギーは、太陽光や風力など、ほかの再生可能エネルギーのなかでも、極めて地域性が高い。太陽光発電や風力発電は、日射量や風力が一定であれば、期待される発電量を見込むことができる。しかし、地域や日々の気象条件により発電量が左右されるため、安定性に欠ける。また、設置する際には地域雇用が発生するが、稼働しはじめると経済波及効果は小さい。

北海道鹿追町にあるバイオガスプラント

一方で、バイオマスエネルギーは、地域内で発生する有機廃棄物、とりわけ農畜産系の廃棄物や食品加工残渣などが資源であり、一定量を安定的に確保できるため、季節・時間変動が少ない。また、地域に収集・運搬、プラント運営、メンテナンス、発電業および液肥販売業など、新たな産業が創出され、地域に雇用が生まれる。さらにバイオマス資源のカスケード利用（段階的利用）を実施することで、より大きな経済効果を得ることができる。

新たな産業を生み出し社会的弱者を雇用する場をつくる

バイオガス利用は、エネルギー利用だけでなく、発酵して残った液は有機肥料として価値があり、ブランド米、有機野菜栽培、有機牛乳など地域発のブランド化にも結びついている。また、発電する際に廃熱として発生する熱エネルギーを有効的に活用することもできる。近年のエネルギーコストの高騰により、廃熱を活用して施設園芸の冷暖房や、チョウザメやフグの養殖などが取り組まれている。

環境に優しいバイオマスエネルギーと地域循環型農業は、十勝の農畜産物の生産にかかる基礎的な価値を高めるとともに、これらを原料とした加工品の付加価値化を押し上げることができる。

このようにバイオガスプラントの導入を進めることによって、今後、地方部らしい「地域のエコシステム」としての成熟が期待される。バイオガスプラントを順調に稼働させるためには、廃棄物、施設運営、ガス利用、液肥利用などそれぞれの分野が「社会的意義を持ったビジネス」として連携し、地域資源と地域の雇用を守る「持続的地域社会」として形成されていくことが最重要である。

バイオマス資源を活用した地域産業の循環モデルは、地域の資源を活用した地域産業の循環モデルは、地域の魅力を向上させ、さまざまな分野への波及、価値の連鎖を生み、新たな産業や雇用を創出できる。地域の邪魔者から生まれた新たな産業の担い手として、社会的弱者の雇用の場をつくりだすことができる。

ソーシャルファーム製品の価値を高め一般市場で販売する

ソーシャルファームは、障がい者あるいは労働市場で不利な立場にある人々のため、仕事を生み出し、また支援つきの就労の機会を提供することを目的にしている。1970年頃に北イタリアの精神病院で始まった手法で、入院治療が必要なくなった患者が周囲の偏見により就職が困難となったために病院職員と患者が一緒になって仕事をする企業を自らつくったのが始まりといわれている（第1章参照）。

日本の現在の状況として一般の労働市場で、仕事に就くのが困難な人たちがいる。障がい者が750万人、引きこもりが300万人、高齢者が3000万人、母子家庭の母親が120万人、そのほか、ニート、ホームレス、刑務所からの出所者、難病患者など、いろいろな人が社会に参加しにくく、就職できたとしても満足のいく収入が得られないのが現状だ。ソーシャルファームのような取り組みは、すでに多くの施設により行われている。その施設の製品を「より価値を高め、より多くの人に一般市場で販売する」ことが重要である。

「ソーシャルインクルージョン」の実現のためには、施設で取り組んでいる商品の社会化が進むべきだ。製品が地域の「福祉の店」で販売されるだけではなく、一般の商品と同様に百貨店や土産店等でも販売されるようにすることが重要である。

共に働き ともに生きる

Social Firms

ソーシャルファームロゴマーク

例えば、福祉の店で１個１００円の商品を、ストーリー豊かな表現を行い、百貨店や土産店において一般商品と同等の価格である２００円で販売することができれば、製造に携わる社会的弱者の給料もいまの倍にすることが可能となる。

このため、社会的弱者の施設などで生産される商品を選択し「ソーシャルファームブランド」として共通のロゴマークを使用し、志を消費者に伝えることが重要と考えている。

このような活動を推進するプラットフォームとして、１９９６（平成８）年12月に「ソーシャルファームジャパン」が設立された。理事長には恩賜財団済生会の炭谷茂氏が就任し、社会福祉法人豊芯会の上野容子理事長、農事組合法人共働学舎新得農場の宮嶋望代表などが常任理事として活動している。

（有）ノグチデザインスタジオ代表の野口正治氏にデザインをしていただき、「共に働き ともに生きる」をキーワードとした統一ロゴマークを制定し、ソーシャルファーム商品を登録して市場にアピールする活動を進めている。デザイン指導は武蔵野美術大学の基礎デザイン学科宮島教授が中心となって進め、地域ブランドデザイン研究機構とＮＰＯあうるずに参加するデザイナーが分野ごとにサポートしている。

エゾシカ革を使った「売れる」ソーシャルファーム製品づくり

北海道では、昭和末期から平成にかけて道東地方を中心にエゾシカが増え、農林業被害額が急激に増加し、２０１１年には64億円に達している。２０１３年度は、全被害額の約97％が農業被害で、被害作物は牧草が被害額の半分以上を占めるほか、てん菜（ビート）、水稲、ばれいしょ、デントコーン、小麦と続いている。

また、林業被害について、人工林では、若いカラマツ造林木などの新芽や新葉が食害されているほか、角こすりによる被害が発生している。個体数削減のための捕獲については、北海道において検討が進められているところであるが、捕獲後のエゾシカの処理のあり方が大きな課題となっている。

これまでは、捕獲後のエゾシカについては、食肉としてロース、フィレ、肩、腿等が利用されてはいるものの、全体重量の2割から3割に過ぎず、残りの肉や内臓、皮等は、廃棄物として処理されているのが現状である。

廃棄物として処理されていた皮等を有効活用することで、新産業の創出と農林業問題の解決を図るためにCOMUNIというブランドを立ち上げ、２００7年に（有）シライデザインとエゾシカ革を利用したリュックやバッグを共同開発し、道内の百貨店や雑誌「サライ」や「BE-PAL」を通じた通信販売を行った。これまでの知見を生かして、現在は、障がい者施設と連携して、商品づくりを行っている。

エゾシカ製品のみならず、道内のものづくりは、シーズ（新しい技術を生み出す事象）先行の考え方が中心といわれており、地域の資源や技術を活用して「つくれるもの」をつくる取り組みが多いのが現状だ。このため、つくったものの売れないという結果を生み出している。道内で生産されているエゾシカ製品の流通拡大を図っていくためには、地域資源としてのエゾシカから「つくれるもの」をつくるのではなく、「売れるものづくり」に転換していくことが重要となってくる。

農村を歩き、地元の人と交流する観光づくり（とかちロングトレイルクラシック）

十勝圏域には景勝地観光が少なく、従来型の物見遊山的な観光形態のなかでは劣勢にあったが、「ゆとり」「潤い」などの生活志向や「教育」「知的好奇心」などの生涯学習的要求、さらに「安全」「安心」などの関心が高まる「食」「農」「教育」など、新しい「旅」のニーズが湧き上がっている。また旅行形態も、団体旅行から個人や家族中心の旅行に移行しつつあり、旅行する目的も多様になっている。

エゾシカ革を使った製品づくり「COMUNI」

　旅行の動機や目的は、従来の物見遊山で観光バスに依存するマスツーリズムが減少し、写真撮影や歴史探訪などの個人的興味に基づき知的好奇心を満たす欲求や、「農」「食」等をキーワードとする地域の生活・産業・文化と深く関わる領域における体験型観光志向の高まりなど、個人的意識の高い「旅」へと様変わりしてすでに久しい。

　十勝では農家看板の普及や、農村景観改善などの活動が１９９１年頃から進められ、グリーンツーリズムやファームイン活動が行われてきた。ロングトレイルとは、長い道のりを歩きながら旅し、地域の自然や文化に触れることを楽しむツーリズムの一つ。長い距離を歩く活動を農村振興に活用する動きが、「とかちロングトレイルクラシック」である。

十勝管内には「十勝アドベンチャークラブ」や「東大雪ガイドセンター」など五つのアウトドア会社があり、ラフティングや自然観察をビジネスとして進めている。十勝のアウトドアボランティア会員としての活動から起業した方も多い。しかし、せっかくの農村起業したツーリズム拠点も、大手旅行代理店と大型バスが立ち寄る便利なランチの場所で終わるのは寂しい。農業者が農業の苦労話や、農村での生活の楽しさを消費者と対話する機会を増やし、時間をかけて地域を歩き、食し、泊まることが農村・漁村の大切さを理解する人を増やしていくことになると考え、「十勝を食べて、歩く、3泊4日の旅、とかちロングトレイルクラシック」を実施している。

十勝を食べて、歩く、3泊4日の旅「とかちロングトレイルクラシック」

これまで70か所のレストラン、ファームインなどの拠点を連結したスローな旅づくりで、地域農業の理解と交流の場づくりを行っている。拠点の一つとして、農事組合法人共働学舎新得農場にも参加していただき、2014年からは共働学舎内をトレイルするツアーも開催している。

地域の魅力を発信していくためのデザイン（HIYOKO DESIGNプロジェクト）

十勝地域では近年、農業製品の差別化、ブランド化を目指し、農業者自らが産地直送の通信販売などに取り組む事例が増加してきている。しかし、農業者にとっては、自ら販路を開拓したり、他製品との差別化を図るための商品企画・デザイン戦略を構築するといったノウハウを有していないのが現状である。農業者の高付加価値な取り組みを、デザイン戦略をとおして支援することは、今後の地域農業の活性化を図る上で基盤となり、農村でのデザイン業がソーシャルビジネスとしての農村でのモデルとなる。

十勝のものは品質が高いといわれているが、いいものでもあっても「宣伝が十分ではない」「意思の伝え方がわからない」など埋もれてしまっているものへ光を当てて、魅力を引き出して付加価値を表現するには、商品の顔となるデザインが重要である。

一方、デザイン学校を卒業した若い世代は、都会でのデザイン作業を志向するが、雇用環境は厳しい。都会でデザインを勉強した若者が田舎に帰って自分たちの故郷のモノづくりを行うことをコンセプトに、若い世代の地場産品デザインチームを２００９年に結成した。名付けて「HIYOKO DESIGN プロジェクト」。デザイナーの卵からはふ化したが、まだ一人前ではないことと、地域にかわいがってもらうという意味である。

地域の魅力を発信していくためのデザイン

現在では十勝管内に限らず、日本全国の農業者や食品加工メーカー、地産地消レストランなどのロゴデザイン作成、地場産農産物のパッケージデザインの作成や、イベントの広報活動など、多くの地域資源のブランド化に取り組んでいる。

Social Firm

地方のソーシャルビジネスにはプラットフォームが必要

地域で果たすプラットフォームの役割

北海道でNPOあうるずが取り組んでいる「バイオマスを使った地域づくり」「ソーシャルファームの製品づくり」「農村を歩き、地元の人と交流する観光づくり」「社会的意義を伝えるデザイン」の取り組みは、個々に独立しているわけではない。

記載した事例での私たちの役目は、おもにプラットフォームの形成である。現場の担い手は小さなビジネスであったとしても、遠隔にあるマーケットに「社会的な意義と志」を伝えてくれる役割を果たす機能が必要である。農業者はよい農産物をつくるのが仕事で、宣伝告知に多くの時間を割けない。そのような社会的企業が多い場合は、共通項を集めて信頼感の高いプラットフォームをつくることが必要となる。

地方部におけるソーシャルビジネスは、その持てる力を資源として「見える化」し、しかも単独での非力を連結することにより拡大する。この「連結する」ところにコーディネーター、プラットフォームという言葉が当てはまる。地域の小さなビジネスの多くが社会性を有しており、そのプラットフォームは新たな公共の名にふさわしい使命感を感じなくてはならない。

バラバラのパッケージデザインであった５事業者の製品を町のブランドで統一

本別町のキレイマメプロジェクトでは、町内の5事業者が生産している商品から「黒豆」をピックアップして、黒豆ブランドをつくりだすことに成功した。黒豆のデトックス（解毒）効果を取り上げ「キレイマメ」というブランド名で販売している。

食品のブランド化には機能性を求め研究事業から始める例も多いが、地域の中小企業には荷が重い場合もある。「キレイマメプロジェクト」の特徴は製品開発をせず、ロゴやパッケージデザインを共通化することによりブランド化を行ったことにある。このことによって小規模事業者もブランドづくりに参加することができ、担い手が複数にわたり、政策と整合しているため自治体も取り組みやすくなるなどのメリットがある。

プラットフォームは、共通する目標をもって成立する。目標に至るために、各個人や団体が参加する動機の提供がコーディネーターの役割である。

社会的仕組みをつくりだす「動機のデザイン」

プロジェクトに参加するためには、各人の参加動機に配慮することが必要である。複合的で広域的なプロジェクトを構成するメンバーは多様な参加者で構成されるが、それぞれ立場も違い、参加動機が異なる。行政は予算を効果的に達成することが重要であるし、地域の名士は手柄を立てておかなくてはならない、ボランティアは正義であるが、手弁当では何年も持続することは大変である。それらを組み合わせた参加する動機をデザインすることが、コーディネーターの役割である。

例えば、他の方を巻き込んでなにかを始めようとするときに、「なんで君、こんなことがわからないのか」ということでは、なかなか巻き込むことはできない。巻き込む人は、巻き込まれる動機を考えなければならない。参加しがいや参加するタイミングを提供することが、地域のコミュニティシンクタンク、プラットフォームの役割である。

役所は前年に予算化されている。予算化されているものを実施することは信頼感につながっていく。一方で、ボランティアは実は飽きっぽい一面がある。NPOといっても何年か経ち、やめていくこともある。そうではなく、生業として、ビジネスとして実施していく。このなかで収益をあげて、人を雇用するという態度がないと、なかなか地域づくりという言葉は地域からは出てこない。

行政―アリバイの論理…信頼感を担保する
ボランティア―正義の論理…持続しにくい
地域名士―手柄の論理…合意形成力
企業―利益の論理…最後の担い手

地域振興の４Ｋ３Ｊ

地域で行われるプロジェクトは、複合的な視点が求められる。これは専門的で単一テーマだけで成立させるマーケットを持っていないことによる。

そのため、観光事業者も農業のことを、農業生産者もレストランユーザーのことをよく理解することが求められる。地域のコーディネーターは広範な知識が必要である。

その広範な知識とはなにかを具体的に示すと、地域を考えるキーワードは「４Ｋ＝環境・観光・教育・健康」「3J＝女性・情報・地場産業」である。これは、地方でプロジェクト形成するときに、起業家やコーディネーターが配慮すべき分野を示している。

展開プロジェクトのキーワードがバイオマス利用であれば、二酸化炭素削減と化石燃料の削減が環境に資すること、バイオマス施設や活動がエコツーリズムとして展開可能であることや、農業・林業・漁業などの地域づくりのシンボルになること、地元の子どもたちに対しての教育ツールや地場産業と組み合わせた体験教育などの資源となること、有機肥料の生産・環境保全型農業などにより健康野菜、ボランティア活動などにより健康を維持する基盤となること、地球温暖化に対して家庭でできることを女性に告知すること、などが考えられる。これらが地場産業形成にどのように役立つかなどが説明できて、はじめて活力あるプロジェクトとなる。

「いましか、ここしか、私しか」地域を考えるスタキビユ

「いつでも、どこでも、誰にでも」というユビキタスというキーワードが、ずいぶん前に提唱された。「IT（情報技術）が社会に浸透するとこうなる」というイメージである。高齢化社会でネット販売などを考えると、なるほど便利である。しかし、筆者は「いましか、ここしか、私しか」を提唱している。ユビキタスの反対でスタキビユである。「秋の夕暮れ」「農村のこの場所で」「私だけ」のサービスが、究極の田舎力の発揮しどころである。

これまで、NPOあうるずが行ってきた活動を一枚の絵にした。地域の基幹産業である農業から排出されるふん尿から始まり、エネルギーと有機肥料を生み出すバイオガスプラント、有機農業の展開、熱を利用したビニールハウスなどでの高齢者・障がい者雇用、そこで収穫された有機農産物を販売する商店街振興、大学・研究機関との連携、そして臭気のない農村での農業観光と、地域の課題がすべてつながっており、それらが連携して解決していることを示した。地域ごとに、このような地域づくりを考えるコミュニティシンクタンクがあれば、行政と住民

NPO あうるずが取り組んでいる地方創生に直結する事業の数々

の連携は必ず進む。そして、社会的課題をビジネス的手法で解決するソーシャルビジネス手法は、地域に必要な取り組みである。

各省庁の施策でも、ソーシャルビジネス、ソーシャルファームという言葉が見られるようになり、大きな勇気を感じているＮＰＯ団体や社会福祉法人も多いと思う。地方部においてのソーシャルビジネスは地域振興施策と不可分であり、「新しい公共の場」としての価値も高い。

地方のソーシャルビジネス起業家はもちろん住民・民間であるが、このコーディネーターは首長が大きな役割を果たすと考えられる。自治体の皆さんが自信をもってＮＰＯ・住民と接することが始まりである。ぜひ、地域自立の道をソーシャルビジネスで展開する連携を熱望している。そして、地域の「いましか、ここしか、私しか」を活用したソーシャルビジネスが、日本各地でソーシャルファームへと展開することを期待している。

メッセージ

ソーシャルファームを日仏で進展させていくために

コカーニュネットワーク局長　ジャン・ギィ・ヘンケル

ビオ野菜が社会の連帯感をつくりだす

「ジャルダン・ド・コカーニュ」の冒険はフランス東部の、とある小さな村で起こった物語です。20世紀中の、貧困という不当さが蔓延するなかで、それに立ち向かおうと、あるNPOがめざましい活動を通じて、人間がしっかりと大地を踏みしめ、尊厳を持って生きてゆける社会システムを求めて立ち上がりました。そんな特殊な状況を背景にして、いまから15年以上も前に誕生したNPOが、ジャルダンの1号です。このNPOは、一般市民が直接参加できるもの、一つの共同体をなすもの、そして共通理念のもとで運営されていくものでした。

具体的な活動は、ビオ野菜を生産し、それを籠に入れて毎週発送し、事前予約で定期購入してくれる人たちに届けること。これは画期的なアイデアでした。そして、従来の消費型とは違うものを求めている人たち、そんな新しいタイプの市民が誕生しました。高品質、直産型、生産者と消費者がお互いに顔の見える関係によって、でき上がった野菜は社会の連帯感をつくりだしてくれたのです。

私たちは、そんな活動を一人でも多くの人たちに知ってもらおうと説明会を開き、自分たちがつくったパンフレットを配りました。最初に60名の賛同者が集まったとき、その驚きはひとしおでした。

私たちの理念に信頼を置き、このシステムに納得したうえで加入契約書にサインをしてくれた人たちでした。

日本の「提携」とアメリカの「CSA」

私たちがスタートするずっと以前、1960年代にはすでに、消費者や生産者のなかに従来の生産体制や消費形態とは違うものを模索している人たちがいました。日本の「提携」やアメリカの「CSA」を立ち上げた先駆者たちです。ヨーロッパではスイスのジュネーヴでいちはやくその形態が導入され、私たちもその新しい生産体制や流通システムを大いに参考にしました。

当時望んでいたのは、新たな社会現象として浮かび上がってきたさまざまな問題――困難を抱える農事者や女性の社会進出を手助けする手段として取り入れられないだろうか、ということでした。農業と自立をセットにすることは、理にかなっています。土を耕すということは、ほかのどの分野よりも精神面や肉体面でも強く鍛えてくれるものであり、とくに人生が思うように立ちいかなくなったときには、力強く支えてくれるものでもあります。

一つにまとめ、チームとして行動

そしてもう一つ、私たちが強く望んでいたのは、男女、若者、高齢者、都市部の人、地方の人といったようにさまざまな異なるカテゴリーの人たちを混合させ、ミックスすることで、置かれている状況や抱えている問題がたとえ違っていても、それを一つにまとめてチームとして行動していくことで別の解決策が見つかるのではないか、ということでした。こうした混合社会というものは当時のフランスには存在しておらず、通常、問題別にカテゴライズされて取り扱われるのが常でした。

それから数か月後、ブザンソン（フランス東部の町）に住むフランス・プレス通信社のジャーナリストがジャルダンに興味を示し、新聞に大きな記事を書いてくれました。「ブザンソンでは社会のはみ出し者がビオ野菜を栽培し、契約する住民に販売している」との見出しが躍りました。

反響はすさまじく、数週間後には国内の多くのメディアが取材にやってきました。インタビューを受け、活字として、あるいは映像として、さまざまなメディア媒体が取り上げてくれました。NPOをはじめ、農業関係者・行政・企業など多くの人たちが、私たちの取り組みを大変興味深いものと考え、それと同じものを立ち上げたいという連鎖反応がフランス全国で起こりはじめました。それはまるで、砂漠の中に降る雨のように、突然、いたるところに花を咲かせ、それまで社会を変えたいと思っていた人たちにもよいきっかけを与えるものとなりました。

コカーニュネットワークの新しい活動

あれから20年以上もたった現在、ジャルダンは130か所に増え、5000人近い訓練生が自立し、毎週3万人の消費者が野菜を購入するまでに成長を遂げました。その組織力は素晴らしいと誇りに思う一方、めまぐるしく変化する世の中に適応していかなければならないということにも気づきはじめました。

問題を抱える社会的弱者の数はますます増加の一途をたどり、他方で政府の財源は縮小され、またビオ農家や直接販売の競争は激しくなりつつあります。指導者を育てるマネージャーや高度なスキルを持つ技術者のリクルートも難しくなってきている現状のなかで、それに見合った未来の戦略を常に見直していかなければならなくなってきています。

そこで私たちは、経済・環境・社会面での新しい可能性に向かって、我々の母体でもあるレゾーコカーニュ（コカーニュネットワーク）のなかに三つの新しい活動を立ち上げました。

その1　メゾンコカーニュ

メゾンコカーニュという未来型のジャルダンをパリ郊外のサクレー台地に創設し、18 haの広大な農地と研究開発のためのセンターを設け、職業訓練や教育を目的とした国立研修機関を立ち上げた。また一般人を対象としたビオレストランをオープンしたり、教育・セミナーなどが開催できるコンベンションセンターなどを設けて〝開かれたジャルダン〟を目指し、新しい分野での拡大を進めている。

その2　グループコカーニュ

グループコカーニュという組織を設け、企業や地方交付金の受け皿となるべくインフラを整備。それによって個人や企業からの寄付金を未来の経済活動に活用できるファンドとしてのシステムを確立する。

その3　企業クラブ

企業クラブを設立し、ジャルダンと企業間のマッチングを模索。地元だけではなくフランス全国のネットワーク網を利用しながら、雇用促進のためのリクルート情報や専門知識、財政援助などを行い、一人でも多くの自立・社会復帰者を雇用へと導いてゆく制度をシステム化していく。

以上のように、一般市民・企業・行政が一丸となり、新しい社会構造を自らが構築することによって、よりよい未来社会に向かって新しい社会づくりを目指しています。

二人三脚でよりよい世界の構築へ

社会問題というものは多少の違いはあるにせよ、世界中どこの国でも共通の悩みを抱えていますし、それは日本でも同様だと察します。私が何度か訪日したときに、身障者や失業者、犯罪者の社会復帰といったさまざまな問題の解決が急がれていることを実感しました。「ソーシャルファームジャパン」のネットワークにもたくさんの起業家が集まり、知恵を絞り、これらの社会問題に対処していくために日夜奔走しています。

地球上のあらゆる問題、例えば経済・社会・人口・エネルギー・環境などを解決していくうえで、従来の解決方法とはちょっと違った視点が求められています。社会的弱者と呼ばれる人たちにも活躍の場を提供して未来を創造してゆくことは、とても重要なことだと思われます。私自身が訪日したおりの体験や、日本の法務大臣、その他の関係各省の代表者がフランスに我々ジャルダンの取り組みを見学に訪れてくれたときに、おぼろげながらも、こうした取り組みが日本にも必要なのだと実感しました。

日本とフランス、両国は距離的にはとても離れていますが、私たちが一緒に、お互いの関係を築き上げながらコラボレーションしていくことは実現可能だと考えています。例えば両国の間でネットワークを立ち上げて共通語で話し合える方法を考え、両国の行政や企業を巻き込みながらジャルダン・ド・コカーニュやフロール・ド・コカーニュのような組織を日本に立ち上げること。あるいは職業訓練のための指導者や農業技術者を二国間で派遣しあったり、制度化のためのノウハウの提供、フランスにおける日本製の野菜の種を植えて日本野菜を栽培したり、フランスで生産された製品を日本で販売したりすること。さまざまなアイデアが膨らんできます。

レゾーコカーニュのチームは、長年培ったノウハウや経験を日本の皆さんに提供することはいつでも可能です。それによって「ソーシャルファームジャパン」と「レゾーコカーニュ」が、よりよい世界を構築していくことができたら素晴らしいと思います。二人三脚で連帯感を耕していきましょう！

（翻訳　南谷桂子）

あとがき

ソーシャルファームという言葉は、まだ日本にはなじみがない言葉です。ソーシャル（social）は「社会的な」という意味で、ファームは「農場」の意味のfarmではなく、「企業」の意味のfirmです。つまり、ソーシャルファームは「社会的企業」のことで、障がい者や元受刑者、引きこもりの若者など、通常の労働市場ではマッチした仕事を見つけにくい人たちが、生き甲斐を持って働ける職場を提供する事業所の総称です。障がい者を対象とした就労継続支援A型事業所や特例子会社などを内包し、さらに高齢者、難病患者、母子家庭、ニート、その他の就労困難者に就労の機会を提供する団体を指します。

製造業やサービス業などさまざまな業種でソーシャルファームが生まれていますが、共通するのは税金を使った福祉サービスだけに依存するのではなくて、あくまでもビジネスとして事業を行う点です。日本にも障がい者には税金を投入した福祉工場のような公的な職場はありますが、予算の制約で定員があるし賃金は低いのが現状です。

一般の企業も障がい者の作業枠をつくっていますが、雇用に熱心な企業はあまり多くありません。その点、ソーシャルファームは両方の要素を備えていて、ハンディキャップのある人も一般労働者と同様に働いて、最低労働賃金を上回る収入や働き甲斐を得ています。

ソーシャルファームジャパンの理事長、炭谷茂氏がソーシャルファームという仕組みに出会ったのは、約15年前のことです。当時障がい者、難病患者、スラム居住者、ホームレスなどが社会から排除され、孤立している現場によく出会ったそうです。この問題の解決には仕事が必須である。「人を差別するのをやめて、地域で仲良く暮らそう」という人権啓発活動は、〝百年河清を待つ〟ことに等しく、この問題の解決には仕事が必須である、と感じたようです。

一方で、現代社会では人のつながりは仕事によって形成されますが、障がい者にはなかなか仕事がないという現実です。精神障がい者で就労している人は17％。知的障がい者は52％ですが、仕事の種類が自分の適性に合わない、収入は1万円に届かないなどの問題があります。長期失業中の若者、刑務所から出所した人なども同様ですが、障がい者と違い公的助成を受けた福祉事業所などはありません。民間企業に就職先を見つけなければなりませんが、現状は厳しい状態です。

労働は個人の価値が社会的に認められ、それが自分の尊厳の確保につながっていきます。ソーシャルファームが目指す社会は、個々の「能力差」を差別として扱うのではなく、「固有の能力」として捉え、市場のニーズとマッチさせる組織です。そのためには市場に受け入れられる商品をつくりだす多様な技術を磨き、より幅広い人々の労働機会を提供します。

多様な技術を提供するためには、多くの企業の関わりが必要であり、農業、林業、環境、商工業など、社会的裾野の広がりが不可欠です。

そこで重要なのが、コーディネート力だと思います。結びつけるべき双方の現状や課題を熟知し、互いが補える点を模索することが必要になってきます。本書の編集を行った当会は、地域と都市、産業と福祉など、物理的な距離、もしくは精神的な距離が離れている者同士を結び付け、その間の距離をゼロにするべく、これまでさまざまなコーディネートを実施してきました。当会の法人名にもその想いは表れています。

まずは、「コミュニティシンクタンク」。コミュニティとは地域という意味です。シンクタンクは、think（考え・思考）と、tank（槽・貯める容器・集める場所）に分けることができ、それぞれの意味を足すと、「思考が集まっているところ」という意味になります。つまり、「コミュニティシンクタンク」は、地域コミュニティの課題を解決するために必要な事業を企画・提案し、地域内外の多種多様な人的ネットワークを活用し、課題解決に必要な知識・知恵を適材適所にコーディネートするプラットホームと位置づけられます。

次に「あうるず」です。あうるずを英語で表記すると、owls、ふくろうという意味です。ふくろうは、アイヌの神話には森の一番偉い神として登場しています。森の中では誰よりも夜更かしで、昼間になると木の上でじっとしている姿から「森の賢者」と言われています。ゆったりと俯瞰で物事を見ながらも、物事の本質を見失わない「ふくろう」のように、我々も地域のことを考えていこう、という想いが込められています。

そして、「あうるず」には、もう一つの想いが込められていると私は思います。owls は「オウルズ」とも読めます。みんなという意味のオール（all）、それに複数形する三人称単数の s をつけると「オールズ」。ただの造語ですが、地域内外のみんなが集まって、という意味をより強めた表現です。つまり、地域に住んでいる人たちや地域外に住む人たち、年齢や立場が違うそれぞれが集まって、地域のために何ができるのかをみんなで考えて、行動していきたいという想いも「あうるず」という名前には込められていると思います。

イタリア、ドイツ、イギリス、スウェーデンなど大半のヨーロッパ諸国では、ソーシャルファームが成果をあげています。ソーシャルファームは障がい者、刑務所出所者などが働く場をビジネス手法で経営する。炭谷氏は、それが日本でも必要であると考えて、２００９年にソーシャルファームジャパンを立ち上げました。

現在、ソーシャルファームの広がりは拡大しています。２０１４年から日本各地で年に1回ソーシャルファームジャパンサミットを開催しています。第1回となる２０１４年は北海道新得町で、第2回となる２０１５年は滋賀県大津市で開催しました。２０１６年は茨城県つくば市での開催を予定しています。これまで、社会福祉法人や民間企業はもちろん、省庁、自治体、更生保護関係者や地域農業者などさまざまな方に参加していただいています。各地域のソーシャルファームが核となり、産官学に限らず、さまざまな立場の方がソーシャルファームをどのように進めていくべきかを共有する場として今後も各地で開催し、ソーシャルファームを日本全国に広げていき、２０００社の設立を目指しています。

本書を執筆するにあたり、北は北海道新得町から、南は九州熊本県まで行き、本書で紹介したソーシャルファームを取材させていただきました。２０１３年にはフランスのジャルダン・ド・コカーニュへも行き、現地を見させていただきました。どこのソーシャルファームでも共通して言えることは、地域との強い結びつきがある、信頼関係ができている、ということです。それは、中山間地域でも、都市部でもなんら変わりはないと思います。

本書を編纂し終えるにあたり、御礼を伝えたい方がたくさんおります。まずは、編纂にご尽力いただいた炭谷茂氏、上野容子氏、中崎ひとみ氏、柏木克之氏、桑山和子氏、宮嶋望氏、清水義悳氏、ジャン・ギィ・ヘンケル氏、南谷桂子氏、さらにソーシャルファームジャパンサミット開催時の関係機関・団体の方々に感謝申し上げます。そして本書のステキなカバー絵などを作成してくださいましたＨＩＹＯＫＯ ＤＥＳＩＧＮの菊池尚美さん、ありがとうございました。

本書の制作にあたって、ヤマト福祉財団「障がい者福祉助成金」を活用させていただきました。ヤマト福祉財団は、心身に障がいのある人々の「自立」と「社会参加」を支援することを目的に、１９９３年９月に設立された財団です。クロネコヤマトの「宅急便」を開発、成功させ、ヤマト運輸株式会社の社長、会長を歴任された故・小倉昌男氏（ヤマト福祉財団初代理事長）が会社役職の一切を退かれた際、個人資産の大半を寄付して設立されました。

ヤマト福祉財団とヤマトホールディングス株式会社とともに設立した株式会社である㈱スワンは、障がいのある人もない人も共に働き、共に生きていく社会（ノーマライゼーション）を実現させるために、１９９８年６月に銀座店をオープンしてから、現在に至るまで全国各地30店を展開しています。働いている障がいのある人は、全店で３７０名をこえ、知的、精神、身体に障がいのある方を雇用し、その７割以上が知的障がいの方たちです。この場をお借りして、ヤマト福祉財団様に感謝を申し上げます。

社会的弱者の働く場をつくるというソーシャルファームが目指すところは、国や社会において絶対的に解決しなければならない課題であることはだれもが異論を唱えないと思います。社会的弱者が就労することで税金を使う立場から税金を納める立場へ変わることは、国にとっても重要なことであり、国民にとっても同様であります。さらに市場経済で障がい者や刑務所出所者の区別なく働く人々が増えることは労働力の確保にもなります。

しかし、そこには市場経済で事業を成功させ継続するための「消費出口の確保」が重要になってきます。マーケティング、ブランディング、流通、販売など、さまざまな分野でのプロが参画し、日本でのソーシャルファーム実現を目指せば、きっと未来は変わるはずです。その未来を選ぶかどうかは、私たち自身次第です。

NPO法人コミュニティシンクタンクあうるず理事　上田　拓弥

大学文学部修士課程修了、パリ・オートクチュール組合養成学校卒。

「伊藤忠ファッションシステム」パリ駐在員を経て、1994年ワインと文化社をパリに設立。日本と仏の食文化・社会・教員・芸術を見続けてきた経験をもとに執筆活動・講演を行う。2008年にはパリ発祥の市民参加型イベント「隣人祭り」を日本に紹介。人と人が出会い、つながり合い共生していける新しい価値観の社会を構築しようと、積極的な活動を行っている。日本における「隣人祭り」最高顧問。2009年よりジャルダン・ド・コカーニュの取材を開始。在仏フリージャーナリスト、仏農林水産省・外務省後援「Les Trophées de l'Esprit Alimentaire」(「食のエスプリ杯」) 委員。

著書に『21世紀のシェフたち』『パリのビストロ職人』(オータパブリケイションズ)、『アンドレ・プットマン パリのインテリア』『マニュエル・ルグリ オペラ座バレエへの招待状』(阪急コミュニケーションズ)、『隣人祭り』(木楽舎)

菊池貞雄（きくち　さだお）

NPO法人コミュニティシンクタンクあうるず理事、北海道バイオマスリサーチ株式会社代表取締役

1957年、北海道帯広市生まれ。立命館大学産業社会学部卒業。2012年、帯広畜産大学大学院畜産衛生学博士課程修了、畜産衛生学博士。北王コンサルタント（株）を経て、2001年にNPO法人コミュニティシンクタンクあうるず理事、2007年に北海道バイオマスリサーチ（株）代表取締役に就任。北海道各地域の新エネルギービジョン策定やバイオマスライブ等の「バイオマス事業」、北海道本別町豆ブランド「キレイマメ」デザイン検討業務等の「地域資源のブランドデザイン事業」、「ロングトレイル事業」など、北は北海道から南は沖縄までの地域づくりに取り組んでいる。

NPO法人コミュニティシンクタンクあうるずが取り組んでいる「ソーシャルファーム十勝農場」は、国土交通省の平成24年度「新しい公共」の担い手による地域づくり活動のためのモデル事業に採択され、全国で食品製造と販売を行っているソーシャルファーム団体へ良質な農産物と加工品を供給することによって支援すると同時に、「十勝農場」で、土づくり、各種農作物栽培、農産物加工、販売・流通など多様な職種を用意し社会的弱者雇用の促進に取り組んでいる。

ほかにも北海道道州制特区提案検討委員、武蔵野美術大学特別講師、帯広畜産大学非常勤講師、ソーシャルファームジャパン事務局長、バイオマスリサーチアジア（株）代表取締役として活動。また、日本財団の「農業を活用した再犯防止プロジェクト企画委員会」の委員として、高齢者や障がいをもつ刑務所出所者の農業を活用した再犯防止の実践分析と今後の支援のあり方について調査を進めている。

2014年12月4日に、第15回ヤマト福祉財団小倉昌男賞を受賞した農事組合法人共働学舎新得農場、宮嶋代表の推薦人である。

宮嶋　望（みやじま　のぞむ）

農事組合法人共働学舎新得農場代表、特定非営利活動法人共働学舎副理事長

1951 年、群馬県前橋市生まれ、東京育ち。1974 年に自由学園最高学部卒業（卒業論文は植物生態学で「森の植生遷移」）後、米国ウイスコンシン州で酪農実習を行う。ウイスコンシン大学（マディソン）の Dairy Science B.S. 取得。

1978 年より、北海道上川郡新得町に入植、共働学舎新得農場を開設。北海道地域おこしアドバイザー（1989 年～）、新得町第 5 期および第 6 期長期策定委員（保健福祉部会部会長、1990 ～ 2000 年）を務める。1990 年には「ナチュラルチーズ・サミット in 十勝」を企画、開催。2006 年に NPO 共働学舎が設立。副理事長に就任。

1982 年、第 1 回オールジャパン・ナチュラルチーズコンテストにて、最高賞の畜産局長賞をラクレットで受賞。2004 年、第 3 回山のチーズオリンピック（スイス）で「さくら」が金賞とグランプリを受賞。2007 年第 5 回山のチーズオリンピック（ドイツ）で「さくら」が金賞受賞、「エメレット」銀賞、国際特別賞を受賞。2008 年、同第 6 回コンテストにて（スイス）特別金賞を受賞。2008 年、G8 北海道洞爺湖サミットで「さくら」が日本代表に選抜される。2010 年、ワールドチャンピオンズシップチーズコンテストで「ラクレット」がセミハード部門で銀賞を受賞。2013 年、北海道では初となる農林水産大臣賞を受賞。2014 年 12 月 4 日に、これまでの共働学舎の取り組みが評価され、第 15 回ヤマト福祉財団小倉昌男賞を受賞。

著書に『みんな、神様をつれてやってきた』（地湧社、2008 年）、『いらない人間なんていない』（いのちのことば社、2014 年）ほか

清水義悳（しみず　よしのり）

更生保護法人清心寮 理事長

1941 年、静岡県松崎町生まれ。日本社会事業大学社会福祉学部卒業後、法務省入省。法務省保護局更生保護振興課長、東京保護観察所長、関東地方更生保護委員会委員長を経て退職。更生保護法人日本更生保護協会事務局長、特定非営利活動法人全国就労支援事業者機構事務局長。この間、平成 18 年度から 20 年度の 3 年間、厚生労働科学研究「罪を犯した障がい者の地域生活支援に関する研究」に分担研究者として参加し、地域生活定着支援センター設置等の政策提言に関わる。

現在、更生保護法人清心寮理事長のほか、社会福祉法人恩賜財団済生会生活困窮者問題調査会委員、全国更生保護法人連盟常務理事、ソーシャルファームジャパン常務理事、農と更生保護ネットワーク世話人等に従事。

南谷桂子（みなみたに　けいこ）

株式会社ワインと文化社代表

東京都生まれ。パリ在住。1974 年に渡仏。南仏モンペリエ・ポール・ヴァレリー

月に、農業を活用した再犯防止プロジェクト委員長（日本財団）を務めた。

中崎ひとみ（なかざき　ひとみ）

社会福祉法人共生シンフォニー常任理事

1964年、滋賀県甲賀郡信楽町生まれ。池田太郎氏の実践のなか、知的障害者が普通に働き暮らす町で生まれ育つ。1982年に大手ゼネコンに勤務し、栗東市の社会福祉協議会、障害者団体に勤務。小規模作業所「今日も一日がんばった本舗」を経て、小規模作業所「がんばカンパニー」「ふぉれすデイズ」を設立。2003年、社会福祉法人「共生シンフォニー」を設立し、常務理事に就任。現在、就労継続支援A型事業所「がんばカンパニー」（滋賀県大津市）所長。2009年に公益財団法人ヤマト福祉財団小倉昌男賞を受賞。

柏木克之（かしわぎ　かつゆき）

社会福祉法人一麦会（麦の郷）執行理事

1955年、和歌山県生まれ。1978年、大学卒業後、（株）オークワに入社、店長やスーパーバイザー等を歴任。1990年、（株）ジャスコオークワへ食品スーパーバイザーとして出向する。社会福祉法人一麦会（麦の郷）がパンを売り込みに来たのをきっかけに、2000年に麦の郷へ転職する。作業所施設長を経た後、食品加工場、農産直売所を開設する。地域資源を活かした六次産業化の推進で障がい者の仕事をおこす。福祉と経営、二つの専門性を強化し、障がい者の経済的自立を目指す。

著書に『地域でめざせ 社会的企業』（生活福祉研究機構、2013年）

桑山和子（くわやま　かずこ）

認定NPO法人ぬくもり福祉会たんぽぽ会長

1962年4月、明治学院大学卒業後、中学校教諭に就く。1969年3月、結婚により教職を退く。その後、子育てをしながら埼玉県飯能市公民館運営審議委員等を歴任。

1986年4月、女性講座の修了生とともに「女性問題研究会たんぽぽ」を設立。1994年4月、「ぬくもりサービスたんぽぽ」設立、市民互助型のサービスを始める。1999年4月、埼玉県第一号のNPO法人を取得し、「NPO法人ぬくもり福祉会たんぽぽ」会長に就任。助け合い事業をはじめとして、介護保険事業（居宅介護支援事業所、通所介護事業所2か所、訪問介護事業所、訪問看護事業所、認知症対応型共同生活介護）、障がい福祉サービス事業を展開。新たに農業分野のソーシャルファームを立ち上げた。

現在、埼玉県市町村合併推進委員、飯能市地域包括支援センター運営協議会委員、飯能市自立支援協議会委員としても活躍している。

◆執筆者プロフィール一覧

執筆順。所属・役職は 2016 年 7 月現在

炭谷　茂（すみたに　しげる）

社会福祉法人恩賜財団済生会理事長、ソーシャルファームジャパン理事長

1946 年、富山県高岡市生まれ。1969 年、東京大学法学部卒業後厚生省（当時）に入る。厚生省各局、自治省、総務庁、在英日本大使館、福井県、公害防止事業団を経て、1995 年に厚生省国立病院部長、1997 年に厚生省社会・援護局長、2001 年に環境省官房長、地球環境局長、2002 年に総合環境政策局長、2003 年 7 月に環境事務次官に就任、2006 年 9 月に退任。現在、中国残留孤児援護基金理事長、日本障がい者リハビリテーション協会会長、地球・人間環境フォーラム理事長、富山国際大学客員教授、環境福祉学会会長、朝日新聞厚生文化事業団理事等も務める。

国家公務員在職中から障がい者、ホームレス、引きこもりの若者、刑余者などへの就労支援、貧困地域のまちづくりなど社会貢献活動に従事。社会的にハンディを持った方々の働く場の一つとして、日本におけるソーシャルファームの展開を提唱。2008 年 12 月、ソーシャルファームジャパンを立ち上げる。

著書に『私の人権行政論』（解放出版社、2007 年）、『環境福祉学の理論と実践』（編著、環境新聞社、2006 年）ほか

上野容子（うえの　ようこ）

東京家政大学人文学部教育福祉学科長・教授、社会福祉法人豊芯会理事長、精神保健福祉士

1948 年、栃木県宇都宮市生まれ。1971 年、日本社会事業大学卒業後、東京都内の精神科病院に精神科ソーシャルワーカーとして 5 年間勤務。 精神障がい者の地域生活を支援する活動を希望し、1978 年、東京都豊島区にて、穂積登精神科医（現：（医）慶竹会ホヅミクリニック院長）が創設した精神障がい者の「居場所づくり」（みのりの家）に関わる。

豊島区にて、作業所、グループホーム、ショートステイ、授産施設、地域生活支援センター等の精神障がい者の社会資源づくり、施設の開設、事業運営、活動に携わり、2000 年まで民間団体「ハートランド」事務局長、1996 年から 2000 年まで（福）豊芯会副理事長（現：理事）を務める。

2001 年 4 月から、東京家政大学専任教員（現：教授）として、精神保健福祉分野を担当。同年、（福）豊芯会を退職し、以来、理事の立場やスタッフのスーパーバイザーの立場で関わりを続けていたが、2009 年 11 月 20 日付けで同法人の理事長に就任。埼玉県狭山市、入間市、飯能市の関係委員会や関係団体の理事、監査等の役を担い、精神障がい者の地域生活支援事業の発展のために活動。2010 年 12

◆主な参考文献

『現代の貧困～ワーキングプア／ホームレス／生活保護～』
　岩田正美著、ちくま新書
『地域でめざせ 社会的企業～障害者支援施設「麦の郷」の挑戦～』
　柏木克之著、生活福祉研究機構
『農業ソーシャルファーム実践マニュアル』ぬくもり福祉会たんぽぽ
『農業技術体系 畜産編』農文協
『農業分野における知的障害者の雇用促進システムの構築と実践』
　大澤史伸著、みらい
『みんな神様をつれてやってきた』宮嶋望著、地湧社
『生きる場所のつくりかた～新得・共働学舎の挑戦～』島村菜津著、家の光協会
『孤立の社会学～無縁社会の処方箋～』石田光規著、勁草書房
『罪と罰』2015年3月号（第52巻2号)、日本刑事政策研究会
『やすらぎ』2015年1月号（第57号)、埼玉県精神保健協会
『働く広場』2012年2月号、高齢・障害・求職者雇用支援機構
『英国ソーシャルファームの実地調査報告会報告書』
　2013年、日本障害者リハビリテーション協会
『「農」と福祉の連携ねっと 連携ルポ報告』2015年、日本セルプセンター
『"現場発"社会福祉法人のあり方調査・研究事業報告書』2013年、厚生労働省
『ソーシャルビジネス研究会報告書』2008年、経済産業省
『第1回ソーシャルファームジャパンサミットin新得』配付資料2014年
『第2回ソーシャルファームジャパンサミットinびわこ』配付資料2015年

●

デザイン――寺田有恒
ビレッジ・ハウス
イラストレーション――菊池尚美
編集協力――村田 央
校正――吉田 仁

編者プロフィール

● NPO 法人コミュニティシンクタンクあうるず

2002年9月設立。地域が抱える課題である環境改善、社会教育の普遍化、循環型社会の形成、情報化の促進等に対応するため、現在に生き、地域の牽引役となっている世代のシームレスな地域づくり集団として「コミュニティシンクタンク」を立ち上げた。地域づくりにおけるハブ機能を保有しながら、地域戦略、施策に関する提言を行い、それを実行する団体として、環境、農業、デザイン、観光、福祉、教育等、農山漁村に必要なあらゆる分野で活動。ソーシャルファームジャパンの事務局も担っている。

〈ソーシャルファームジャパン事務局〉

所在地：〒080-0802 北海道帯広市東2条南4丁目10番地
NPO法人コミュニティシンクタンクあうるず内

電話：0155-67-6305　FAX：0155-67-6307

ソーシャルファーム～ちょっと変《か》わった福祉《ふくし》の現場《げんば》から～

2016年9月6日　第1刷発行

編　　者——NPO法人コミュニティシンクタンクあうるず

発 行 者——相場博也
発 行 所——株式会社 創森社
〒162-0805 東京都新宿区矢来町96-4
TEL 03-5228-2270　FAX 03-5228-2410
http://www.soshinsha-pub.com
振替00160-7-770406
組　　版——有限会社 天龍社
印刷製本——中央精版印刷株式会社

 ISBN978-4-88340-309-7 C0036